इसे क्या कहूँ

इसे क्या कहूँ

स्नेह लता

क्रम-सूची

1

इसे क्या कहूँ

पाँच साल ज़िन्दगी का अरसा कम नहीं होता .... मैंने हर घड़ी हर पल बस तुम्हारी याद में बिताए हैं .... उठना बैठना चलना फिरना सब कुछ तुम्हारे लिए ही तो रहा है .... मेरे सपने सिर्फ़ तुम्हारे लिए .... मेरे अपने सिर्फ़ तुम्हारे लिए ...... हक़ीकत की दुनिया में मैंने कदम नहीं रखा क्योंकि मैं तुम्हारे प्यार में दीवानी थी ...... तो मैं क्या करूँ .... मैंने तुम्हें पहले ही बता दिया था कि मैं और लोगों की तरह नहीं .... और लोगों की तरह नहीं .....ऐसी क्या खास बात है ...... सभी कुछ वैसा ही तो है तुममें जैसा किसी में होता है

.......नहीं मुझे कुछ बनना है ....कुछ बनने की क्या परिभाषा है ......मैंने तुम्हारे रास्ते में कभी कोई रूकावट नहीं डाली ....मैंने तुम्हारे कैरियर को संवारने के लिए हमेशा प्रोत्साहन दिया है .....क्या प्रोत्साहन दिया है .....बस यही न कि हर समय यही बताती रहती हो ..... दोस्तों के साथ घूमो फिरो नहीं .....पढ़ाई में मन लगाओ ....अब कहाँ हो .....इतनी रात हो गई है , कहाँ बैठे हो .....इसमें हर्ज़ ही क्या है .....मुझे तुम्हारी फ़िक्र रहती है ....तुम देर तक बाहर रहते हो मुझे तुम्हारी चिन्ता हो जाती है.....

क्या ख़ाक चिन्ता रहती है .....बस वही मम्मी के जैसी बातें दोहराती रहती हो .....मैं मम्मी के टाइप की बातें करती हूँ.....क्या तुम्हारी केयर करना क्या बुरी बात है ....हाँ है ....मेरा दम घुटता है तुम्हारी बातें सुन सुनकर ....हर समय फ़िलॉसफ़ी ....हर समय उपदेश ....मुझे ऐसी

लड़की नहीं चाहिए .....कैसी लड़की चाहिए ....वैसी जो मुझे इन्नोवेटिव आइडियाज़ दे सके .....किस फ़ील्ड में इन्नोवेशन करना चाहते हो .....पता नहीं ......कुछ तो सोचा होगा ....मालूम नहीं .....मैं कुछ अलग करना चाहता हूँ ......कैसा अलग ....बड़ी नौकरी ....ज़्यादा पैसा .....या ज़्यादा खूबसूरत लड़की .....नहीं मुझे ज़्यादा पैसे की कोई ख़्वाहिश नहीं ....बड़ी पोस्ट भी नहीं चाहता हूँ .....लड़की खूबसूरत हो या न हो पर तुम्हारे जैसी नहीं ....

मुझमें क्या खराबी है .....क्या तुम्हारा ख्याल रखना बुराई है ......मैं तुम्हें प्यार करती हूँ........क्या प्यार की यही परिभाषा है कि हर समय पीछे पड़ी रहो ....क्या पीछे पड़ी हूँ......तुम्हारी टोका टाकी अच्छी नहीं लगती मुझे ......पहले अच्छी लगती थी ......पहले तुम ऐसी नहीं थीं ......मैं पहले भी ऐसी ही थी ....मुझे नहीं पता ......मुझे परेशान मत करो .....

यह कहकर सुवीर ने फ़ोन रख दिया । उसने यह भी नहीं सोचा कि दूसरी तरफ़ सुप्रिया के रोने की आवाज़ आ रही थी । आज सुप्रिया की हर बात से उसे चिढ़ होती है । बस रोना शुरू कर देती है । बात बात पर बस यही दोहराती है कि मैंने पाँच साल तुम्हारे साथ बिताए । कॉलेज से लेकर घर तक सबको हमारी दोस्ती के बारे में पता था । पाँच साल बीत गए तो क्या हुआ ज़िन्दगी तो बाकी है ना । पाँच साल मं मैंने ऐसा किया ही क्या था । बस घूमना फिरना । कौन सा मैंने तुम्हारा कुछ बिगाड़ ही लिया है । ऐसा तो था नहीं कि उसके मेरे सिवा कोई दोस्त नहीं थे । उसके फ्रैन्ड सर्कल में और भी तो कई दोस्त थे उनके साथ भी तो घूमती रहती थी । जब शुरू से ही हम लोग दोस्त थे तो फिर मम्मी - पापा , रिश्तेदार ,जान पहचान वाले कहाँ से आ गए । कितना बोर करती है । वही घिसी पिटी बातें । कैरियर , घर ,समझदारी , बोर हो जाता हूँ । भाषण सुन सुन कर यह भी कोई लाइफ है । न कोई हॉवी न कोई घूमना फिरना न शापिंग, न डांस , न म्यूज़िक । मेरा मन करता है कि मैं दुनिया भर के म्यूज़िक कंर्सट अटैन्ड करूँ पर एक यह है कि जिसे म्यूज़िक में कोई इंटरैस्ट ही नहीं । मैं बहुत कुछ बनना चाहता हूँ डिफरैन्ट फ़ील्ड में काम करना चाहता हूँ । फ्यूचर के बारे में कुछ सोचना चाहता हूँ।

सुप्रिया का मन हो रहा था कि वह चीख चीख कर रोए। दिल में ऐसी हूक उठती थी कि मानों कलेजा मुँह को आ जाएगा। वह जितना ही खुद को संभालने की कोशिश करती उसका मन उतना ही उससे विद्रोह करने लगता था। मैं ही क्यों परेशान हूँ। मुझे ही क्या ? क्या मेरी ज़िन्दगी में सुवीर के अलावा कुछ भी नहीं। क्यों नहीं है। मेरा कैरियर है। मेरी जॉब है। मेरे फैमिली मैम्बर्स है। जो मुझे बेहद प्यार करते हैं। अगर सुवीर अलग होने की धौंस देता है तो मैं ही हर बार उसके पीछे पीछे क्यों दौड़ती रहूँ। दोस्ती तो बराबर के स्तर पर होती है। ठीक है मैं भी दोस्त बनकर ही मिली हूँ पर हम क्या सचमुच केवल दोस्त ही थे। शायद नहीं। क्या मेरे और सुवीर के बीच सपने नहीं थे। सपने मैंने ही बुने हों ऐसा तो नहीं था। सुवीर का वह हर पल मेरे साथ खड़े होना। कॉलेज साथ साथ जाना ,साथ साथ रहना। कॉलेज के सभी लोगों को हमारे बारे में पता था। सुवीर ने यूँ ही नहीं अपने मम्मी पापा से मुझे मिलवाया था। क्या सुवीर के घर में मेरी कोई जगह नहीं थी। सुवीर के मम्मी पापा उसके भाई बहन सभी तो मुझे कितना मानते हैं। हर जगह ही तो सुवीर ने मुझे ऐसे मिलवाया था जैसे हम दोनों एक हों। क्या सिर्फ़ दोस्त से कोई लड़की इतनी घुली मिली रहती है। चलो ठीक है अगर सुवीर को नहीं मिलना है तो ना सही वह भी अपने रास्ते अलग करने की कोशिश करेगी। ठीक है बनाने दो सुवीर को अपना कैरियर ,करने दो कुछ अलग। सुप्रिया जितना ही अपने दिल को समझाती उसका दिल उतना ही सुवीर के लिए रोता।

सुप्रिया को समझ नहीं आ रहा था कि मात्र पाँच महीनों में ऐसा क्या हुआ जो उसके साथ माहौल इस क़दर बदल गया। अभी पाँच महीने पहले तक तो सब कुछ ठीक ठाक था। ऐसा क्या हुआ। उसकी सादगी ने कभी शक और वहम को कोई जगह दी ही नहीं। फिर क्या था। सुप्रिया सोचती रही पर एक सूरत उसे बार बार खटकती थी। अलका की..............

सुवीर ने ही तो उसे अलका से मिलवाया था। सुप्रिया को उसमें कोई खास बात नज़र नहीं आई थी जो शक या वहम का कारण होती। वैसे भी उसे सुवीर पर बहुत भरोसा था। पर यह बात जरूर थी कि सुवीर इन

दिनों अलका के साथ बहुत रहने लगा था । सुप्रिया को अपनी नौकरी के सिलसिले में काफ़ी व्यस्त रहना पड़ता था । उसकी नौकरी भी नई नई थी कई बार टूर पर भी जाना पड़ जाता था । जब कभी पूछा तो यही कहा कि अलका अकेली थी उसे कुछ काम था उसकी हैल्प के लिए जाना पड़ा । तो क्या यह काम अलका का ही था जो उसे सुवीर से अलग कर रहा था । सुवीर तो हमेशा कहता था कि तुम मुझे इसलिए पसन्द हो क्योंकि तुम बहुत सीधी साधी , भोली भाली हो । तुम्हें किसी भी तरह के किसी प्रपंच से कोई लेना देना नहीं वरना आजकल की लड़कियाँ पूरी आफ़त होती हैं । उनको दोस्त का मतलब पिक्चर ,शापिंग सैर ,सपाटा और न जाने क्या क्या । बस हमेशा ठगने की ही सोचती रहती हैं । तो क्या यही उसकी सादगी सुवीर को चुभने लगी है । अलका को देखकर सुवीर ने कहा था ऐसी ही लड़कियाँ आजकल देश को बरबाद कर रही हैं । ज़रा इनके कपड़े देखो ,इनका हेयर स्टाइल देखो ,इनका बात करने अंदाज़ । न शर्म न हया । सुप्रिया मैं जितना ही पीछे हटता जाता था अलका उतना ही आगे बढ़ती जाती थी । मुझे समझ नहीं आता यह अलका कैसी लड़की है ।

सुप्रिया को याद आया कि सुवीर ने कहा था ....कहाँ हो तुम .....वह अलका घर आने को कह रही थी ......तुम ही उसे मना करो ......बता दो मेरा कोई घर नहीं ....हम तीन लोगों ने मिलकर एक फ्लैट ले रखा है ......उसी में एक एक कमरा सब हम लोगों के पास है .....कोई लड़की ऐसे किसी के घर कैसे आ सकती है ....तुम्हीं समझाओ ......अरे मैं क्या समझाऊँ ..... अरे लड़की है कोई भूत तो नहीं ....अगर तुम उसे लिफ्ट नहीं दोगे तो खुद ही समझ जाएगी ......मेरे ऑफिस में अभी अर्जेन्ट मीटिंग है ......मैं फ़ोन रख रही हूँ...........मैंने तो उसके बाद पूछा भी नहीं था कि अलका आई थी या नहीं । क्या मेरा विश्वास ही मुझे धोखा दे गया । आखिर गलती कहाँ हुई । सुवीर जो इतने ज्ञान की बातें करता था वह सब कहाँ गईं ।

सुवीर जब कहीं बाहर जाता था रास्ते में दस बार कॉल करता था ....क्या कर रही हो ....कहाँ हो ......अब तो अगर मैं फोन पर पूछ भी लूँ तो यही जबाव होता है ....मैं बिज़ी हूँ.....तुम फ़ोन रख दो ......मैं तुम्हें कॉल कर लूँगा । सुवीर के फ़ोन के इंतज़ार में वह बार बार फ़ोन उठाती

है .... शायद कोई मैसेज , कोई कॉल.......पर कुछ नहीं .....खुद मिलाने पर आवाज़ आती है ......सब्सक्राइबर इज़ बिज़ी , प्लीज़ डायल आफ्टर सम टाइम ......कहाँ बिज़ी है वह , उसे रह रह कर रोना आ रहा था । क्या करे किससे कहे ......मम्मी से ....नहीं .....वह तो पहले ही मना करती थीं ......दोस्ती कुछ नहीं होती .....आज उसे लग रहा था दोस्ती कुछ नहीं थी ....वह दीवानगी थी ....वह प्यार था .....कितनी खूबसूरती से हमने बहाना बनाने के लिए एक शब्द गढ़ लिया था ....जिसने सुवीर को तो मुक्त कर दिया था पर मेरे मन के घाव शायद जीवन भर नहीं भर सकेगें ..... मम्मी कहती थीं यह लड़कियों को बेबकूफ़ बनाने की साज़िश है ....अब उसे प्यार की सच्चाई का एहसास हो रहा था .....

सुप्रिया सोचती क्यों मेरा दिल बार बार सुवीर के लिए बेचैन रहता है । कितना समझाती हूँ दिल को कि सुवीर को सचमुच अपने कैरियर के बारे में सोचना होगा ....पर उसके ये शब्द तुम वैसी लड़की नहीं हो जैसी मैं चाहता हूँ उसके दिल में कांटे की तरह चुभते हैं । सुप्रिया को लग रहा था मम्मी पापा ने ठीक ही समझाया था कि इतना इन्वॉल्व होना ठीक नहीं .... तुमने वॉट्सएप , फेसबुक दुनिया जहान में सुवीर के साथ फ़ोटो लगा रखे हैं ये ठीक नहीं .....वक्त का कोई भरोसा नहीं ....ये आजकल के लड़के इनका कोई ठिकाना नहीं ....फ्रैन्डशिप , बॉयफ्रैन्ड , गर्लफ्रैन्ड ये ऐसे शब्द हैं जिनकी कोई परिभाषा नहीं ......जिनकी कोई सीमा नहीं ....ये समय के साथ अर्थ बदलते और अर्थ खोते रहते हैं ......इन शब्दों के गढ़ने वालों को तो यह भी पता नहीं कि दूसरों के जीवन में ये क्या अनर्थ पैदा कर देगें ।

सुप्रिया ने फिर भी हिम्मत नहीं हारी सोचा क्यों न एक बार जाकर सुवीर से मिल आऊँ। यूँ तो वह कभी सुवीर के घर गई नहीं थी क्योंकि किसी लड़के के कमरे में अकेले जाना उसके संस्कार में नहीं था पर क्या करे दिल ने मजबूर कर दिया । पता ढूंढकर सुप्रिया ने घंटी बजाई । दरवाज़ा शायद मकान मालिक के नौकर ने खोला ....

आप कौन हैं ....मैं सुवीर से मिलने आई हूँ.........साहब तो मैडम के साथ कहीं बाहर गए हैं ....मैडम कौन .....अरे वही जो साहब के साथ काम करती हैं ...... क्या नाम है उनका ......नाम तो मुझे मालूम नहीं ....

पर साहब को कई बार अलका अलका कहते सुना है .....सुप्रिया को लगा वह वहीं बेहोश हो जाएगी । उसने एक गिलास पानी मांगा ......वहीं सोफे पर बैठ गई । क्या हुआ मैडम ......आप आराम से बैठिए ....साहब आते ही होंगे .....मैडम के साथ पिक्चर देखने गए हैं ......क्या मैडम यहीं रहती हैं ......नहीं रहती तो नहीं हैं ....हाँ कभी कभी देर हो जाती है तो साहब उन्हें जाकर छोड़ आते हैं .....अक्सर आती जरूर रहती हैं .... आप बताइए कोई काम हो तो .....नहीं मुझे कोई काम नहीं .....मैं जा रही हूँ.....

अब सुप्रिया को सुवीर की व्यस्तता का सही अंदाज़ा हो गया । पिछली बार जब सुप्रिया ने पूछा था.......क्या अलका तो पसन्द नहीं ....कैसे सुवीर ने बहाना बनाया था क्यों बेचारी को बीच में घसीट रही हो ....वह तो खुद ही कह रही थी कि अगर तुम दोनों में मेरी वजह से कोई रिफ्ट हो तो मैं हट जाती हूँ ...... तुम उस बेचारी को क्यों दोष दे रही हो ....बस यूँ ही गैप मेन्टेन करना चाहता हूँ ....अपने और तुम्हारे बीच ....जिससे तुम भी अपने बारे में सोच लो और मैं भी कुछ अपने बारे में सोच सकूँ........वैसे भी यह प्यार मोहब्बत वैल्यूज़ समाज मुझे ढकोसला लगते हैं ....फ्री रहने की बात ही कुछ अलग है ......

आज सुप्रिया को हर बात का अर्थ समझ में आ रहा था जब समय बहुत दूर जा चुका था ...... सुवीर की असलियत कितनी अलग थी ....क्या करूँ.....किससे कहूँ.......सुप्रिया वापस लौट गई । सुप्रिया की दुनिया वीरान थी .....उसका दिल ज़ार ज़ार रोता....

सुवीर ने सोचा कि चलो अच्छा हुआ कि सुप्रिया को पता चल गया ......वैसे उसे बताने से भी क्या फ़ायदा ......वह कभी मानने को तैयार नहीं होगी कि अलका उसकी सिर्फ़ दोस्त है । अलका और सुप्रिया में यही फ़र्क है ......अलका कितनी मस्त खुले विचारों की ......सुप्रिया कितनी कंज़र्वेटिव पुराने विचारों की । सुप्रिया की नज़र में रिलेशनशिप जैसा कोई शब्द ही नहीं .....अलका ने खुद ही कह दिया ......मैं तुम्हारी सिर्फ़ फ्रैन्ड हूँ..... हम लोग यूँ ही रिलेशनशिप में रहेंगे ..... शादी वादी सब बकवास है .... तुम भी फ्री और मैं भी फ्री ......ठीक है जितने दिन पटेगी उतने दिन पटेगी नहीं पटी तो अलग अलग .....सुवीर को लगा यही ज़िन्दगी की सबसे खूबसूरत सच्चाई है ......जब चाहा साथ रहे ......

जब चाहा अलग अलग .....अब तो कानून ने भी लिव इन रिलेशनशिप को मान्यता दे दी है ।

चार साल बीत गए । यह चार साल कैसे बीते यह सुप्रिया का दिल जानता था । कोई दिन ऐसा नहीं बीता जब वह सुवीर की याद में रोई न हो । ऐसा क्यों होता है कि एक आदमी इतना निष्ठुर हो जाता है आसानी से कह देता है कि हमारे तुम्हारे रास्ते अलग हैं तुम अपनी ज़िन्दगी जिओ और भूल जाओ । दूसरा आदमी तिल तिल कर बीते हुए लम्हों में कैद होकर रह जाता है । काम की व्यस्तता में डूबकर ही मन खाली हो जाता था पर यादों के बबंडर उस खालीपन में समाए रहते थे । सुप्रिया ने कैरियर को ही अपना लक्ष्य बना लिया । इतनी जल्दी कम्पनी का सी ओ बनना किसी के लिए भी ईर्ष्या का कारण हो सकता था । जीवन जब शून्य हो तो कुछ करना ही श्रेष्ठ होता है । इस बीच उसने सुवीर से मिलने की कोई कोशिश नहीं की । सुवीर ने भी उसे कभी कॉल नहीं किया । जीवन के जंगल में जहाँ दुःखों के साए हों वहाँ गुजरने से फ़ायदा भी क्या था । मम्मी पापा ने कहा भी कि अब किसका इंतज़ार है पर सुप्रिया ने मौन ही रखा । न कुछ कहने को बचा था न कुछ सोचने को बचा था ।

थोड़े ही दिन में सुवीर को लगने लगा कि वह गलत था । होटल , शापिंग , मस्ती थोड़े दिन ही अच्छी लगती हैं पर घर घर होता है । अगर ऐसा न होता तो सामाजिक संदर्भों को मान्यता न मिलती । अलका का कोई एक फ्रैन्ड सुवीर ही तो था नहीं उसके ऐसे दो तीन फ्रैन्ड और भी थे । सुवीर जब फ़ोन करता कहाँ हो ..... क्या हुआ मैं मिस्टर शर्मा के यहाँ आई थी उनके बच्चे की बर्थ डे पार्टी थी ...... कभी कहती लन्दन वाली सहेली आई है ....कभी कुछ और कभी कुछ और .... सुवीर के दिल पर ईर्ष्या के सांप लोटने लगते.......मिलने पर भी रिश्तों की कड़वाहट कम नहीं होती थी ...... सुवीर को अलका किसी रंगीन तितली जैसी ही लगती । तितली थोड़ी देर तो अच्छी लगती है पर सुख तो मधुमक्खी ही देती है जो अपने लिए न जीकर दूसरों के लिए जीती है । जब अलका मिलती तो थोड़ी देर तो अंतरंगता रहती मगर फिर वही शिकायतों का दौर शुरू हो जाता । अलका हमेशा एक ही बात दोहराती मेरा लाइफ स्टाइल बिन्दास है ...... मुझे यह घर वर की चिक चिक अच्छी नहीं लगती । सुवीर का

मन भी उचटने लगा था। उसे रह रह कर सुप्रिया की याद आती ...... कई बार सोचता क्यों न सुप्रिया से जाकर माफी मांग लूँ ......पर फिर उसका अहं आड़े आ जाता .... कई बार सोचता कि आखिर जाएगा किस मुँह से ....

अलका के चक्कर में उसका कैरियर भी चौपट हो गया। म्यूज़िक का मतलब मात्र कुछ दोस्तों में बैठकर अन्धों में काने राजा बनना नहीं होता ..... यह भी एक साधना है ....इसका निरन्तर अभ्यास करना पड़ता है। पढ़ाई पर ध्यान लगाया नहीं तो हायर स्टडीज़ के लिए भला सेलैक्शन कैसे होता। अब उसे लगने लगा था कि सुप्रिया ठीक कहती थी। तब उसकी बातें उसे उपदेश लगती थीं। आज उन्हीं बातों के लिए वह बेचैन था। तब उसे सुप्रिया की आदतें मम्मी जैसी लगती थीं अब उसे लगता था कि माँ का रूप सर्वश्रेष्ठ होता है। उसका प्यार निःस्वार्थ होता है। प्यार का अर्थ त्याग और तपस्या होता है मौज मस्ती का रास्ता तबाही और बर्बादी की ओर ले जाता है। उसे अलका से चिढ़ होने लगी थी। अपनी माँ की बातें उसे याद आती थीं। माँ कहती थीं कि तुम सुप्रिया को छोड़कर गलती कर रहे हो। सुप्रिया जैसी लड़की मिलना मुश्किल है। तुम पछताओगे।

इधर कुछ दिनों से अलका में आश्चर्यजनक परिवर्तन होने लगा था। उसे लगा फ्रैन्डशिप करते करते वह अब ऊब गई है। जिस रिश्ते की कोई पहचान न हो वह रिश्ता क्या होगा। जब कभी वह सुवीर के साथ जाती उसे लगता उसके प्रति कोई आदर भाव नहीं है। लोग या तो व्यंग्य की दृष्टि से देखते हैं या घृणा का भाव उनमें रहता है। सुवीर पर भी वह कोई अधिकार नहीं दिखा सकती थी आखिर वह सुवीर की है ही कौन। लिव इन रिलेशनशिप जैसे रिश्तों का कोई मूल्य नहीं होता। सुवीर के मुँह से यह सुनकर कि तुम्हारी वजह से ही सुप्रिया चली गई उसके तन बदन में आग लग जाती। सुवीर की धौंस जमाने वाली आदत उसे बिल्कुल पसन्द नहीं थी। क्या वह उसकी नौकरानी है। उसे खुद सुवीर पर बहुत गुस्सा आता था। वह खुद अब लिव इन रिलेशनशिप से परेशान हो गई थी। जब भी वह सुवीर से रोकने टोकने की बात करती सुवीर का पारा सातवें आसमान पर हो जाता। उसके यही शब्द होते थे तुम मुझे रोकने

वाली कौन होती हो । मैंने तो पहले ही कह दिया था कि हम दोनों फ्री रहेगें । जो तुम्हारी मर्जी वह तुम करो जो मेरी मर्जी वह मैं करूँगा । वैसे भी तुम्हारे साथ रहकर मुझे क्या मिला । मेरे घर वाले मुझसे अलग नाराज़ हो गए । यार दोस्त मज़ाक उड़ाते हैं । मेरा कैरियर भी चौपट हो गया । इधर अलका ने नई रट लगाना शुरू कर दिया था ......क्यों न हम लोग शादी कर लें ......

उस दिन तो हद ही हो गई। अलका कई दिनों से कह रही थी कि शादी कर लो । अगर तुम शादी नहीं करोगे तो मैं तुम्हारी पुलिस में रिर्पोट कर दूंगी । तुम्हारा कैरियर तो जाएगा ही तुम्हारी बदनामी भी होगी । आखिर ऐसा क्या है कि तुम मुझसे शादी नहीं कर सकते । मैं चार साल से तुम्हारे साथ हूँ। सभी लोगों को हमारे रिश्ते के बारे में पता है ।

चार साल से तुम मेरे साथ ही तो नहीं हो ......तुम्हारे और भी बहुत से दोस्त हैं .....मेरे ही पीछे क्यों पड़ी हो .....मैं तुम्हारे पीछे पड़ी हूँ.....तब तो तुम्हें बहुत अच्छी लगती थी ..... डायनैमिक हूँ..... एक्टिव हूँ .....सैल्फ डिपैन्ड हूँ .... बोल्ड हूँ.........आज ऐसे कहते हो । मेरे साथ हो तो मैं क्या करूँ ......यह तुम्हारी मर्जी थी ..... मैंने कोई जोर जबरदस्ती नहीं की । मेरे पास तुम्हारी सारी कॉल डिटेल्स हैं सारी वीडियो हैं ......मैं आत्महत्या कर लूंगी और जेल तुमको होगी । तुम मुझे ब्लैक मेल कर रही हो ....नहीं यह ब्लैकमेलिंग नहीं है सही दिशा चुनने का सही तरीका है ।

सुवीर को अलका किसी नागिन जैसी लग रही थी । आज उसे सुप्रिया की बहुत याद आ रही थी काश सुप्रिया होती तो उसकी यह दुर्दशा न होती । पर मैंने उसका दिल तोड़ा था सज़ा तो मुझे मिलनी ही थी । पन्द्रह दिन हो गए उसको अपने घर जाने की हिम्मत नहीं हो रही थी । कभी किसी होटल में , कभी किसी दोस्त के घर । वैल्यूज़ , समाज , संस्कृति के अर्थ अब उसके सामने खड़े थे ।

सुवीर ऑफिस में जाकर बैठा ही था कि बॉस का फोन आया । यस सर ....आपने मुझे बुलाया ....हाँ ..... यह मैं क्या सुन रहा हूँ ..... तुम्हारे नाम वारन्ट इशू है .....यह सिपाही तुम्हें गिरफ्तार करने के लिए बैठे हैं ......मुझे तुमसे यह उम्मीद नहीं थी ......हमारी कम्पनी एक रैप्यूटैड कम्पनी है ....तुम्हारे जैसे कर्मचारियों की वजह से हमारी कम्पनी का

नाम बदनाम होगा ...... तुम आज ही अपना हिसाब कर लो .....ये टी.वी .,ये मीडिया ,ये ड्रामा हमारे यहाँ नहीं चलेगा ......पर सर हुआ क्या है ....यह सिपाही कह रहे हैं कि किसी अलका नाम की मॉडल ने केस किया है कि तुम उससे शादी का झांसा देकर चार साल से उसके साथ रेप कर रहे हो ...... पर सर वह अपनी मर्जी से मेरे साथ रह रही थी ....मैं कुछ नहीं जानता ......मेरी कम्पनी में तुम जैसों के लिए जगह नहीं ....

सुवीर की नौकरी भी चली गई । कैरियर पहले ही चौपट हो चुका था । मात्र बी . टेक . की डिग्री । आजकल कौन पूछता है । एक से एक हाइली क्वालीफाइड लोग घूम रहे हैं उसके सारे सपने मस्ती के आगे हवा हो गए । नौकरी थी वह भी चली गई । अब क्या करे पन्द्रह दिन जेल में रहकर सुवीर की आत्मा तक हिल गई । ऑफ द ट्रैक चलने की यही सज़ा होती है । जेल से बाहर आया तो उसकी दुनिया वीरान हो चुकी थी । कितने ही दिन कमरे में बंद रहा पर ज़िन्दगी तो चलती है । जीने के लिए सब कुछ करना पड़ता है । सोचा कुछ काम की तलाश की जाए । शायद ज़िन्दगी कुछ सुधर जाए । उसका सिर शर्म से झुका जाता था । कैरियर का बहाना बनाकर उसने सुप्रिया से दूरी बना ली थी पर आज वह कहाँ पहुँच गया और सुप्रिया कहाँ पहुँच गई ।

इन्टरव्यू देने वालों की लिस्ट सुप्रिया के सामने थी और उसे किसी योग्य कैंडीडेट की तलाश थी कम्पनी ने उसे इस काम के लिए पूरी जिम्मेदारी सौंप रखी थी । कई कैंडीडेट उसके सामने आए पर न जाने क्यों उसे कोई जंच नहीं रहा था । कम्पनी को ऐसे कैंडीडेट की तलाश थी जिसमें कुछ नया करने की क्षमता हो जो डायनैमिक हो । तभी उसके सामने मिस्टर राय ने एक प्रोफाइल रखी कहा मैडम आप कहें तो इस कैंडीडेट को भी कॉल कर लें यह आखिरी कैंडीडेट है आपको दस मिनट और लगेगें । सुप्रिया ने कहा ठीक है देख लेते हैं । तभी अचानक सुवीर को देखा । चेहरा तो वही था पर थोड़ा कमज़ोर हो गया था । अब पहले जैसी रौनक चेहरे पर नहीं थी । सुप्रिया को आश्चर्य हुआ सुवीर यहाँ कैसे । तब तक वह सीट पर बैठ चुका था । मिस्टर राय उससे प्रश्न कर रहे थे पर सुप्रिया का ध्यान कहीं और था । आदमी चाहें जितना चाहे अतीत को भुलाया नहीं जा सकता । सुवीर ने सुप्रिया का दिल तोड़ा था । सुप्रिया ने

ये दिन कैसे काटे थे उसका दिल जानता है ।

मिस्टर राय ने पूछा - मिस्टर सुवीर आपने बी.टैक . की डिग्री तो बड़े अच्छे मार्क्स से हासिल की फिर आपने आगे कुछ करने या पढ़ने का क्यों नहीं सोचा । आपमें तो योग्यता भी थी क्षमता भी थी । सुवीर के पास कोई उत्तर नहीं था उसने कहा - सर ट्राई किया था पर कुछ फैमिली प्राब्लम्स की वजह से एम बी ए ज्वाइन नहीं कर सका मेरा फॉरेन का चांस भी इसीलिए चला गया ।

आपको कौन सी फैमिली प्राब्लम्स थीं । आप तो बैचलर ही हैं ।

तभी बगल में बैठे हुए दूसरे अधिकारी ने कहा - सर आपने पिछले दिनों टी वी नहीं देखा । यही तो थे जिनके चर्चे टी वी पर छाए थे । इसी वजह से तो पिछली कम्पनी ने इन्हें बाहर कर दिया । किसी लड़की ने इन पर काफ़ी इल्ज़ाम लगाए थे ।

यह नया फैशन हो गया है । बताइए मिस्टर सुवीर । आप तो इतने ब्रिलिएन्ट थे । आपका फैमिली बैकग्राउन्ड भी अच्छा है । फिर आप ऐसे संबंधों में कैसे फंस गए ।

सुवीर का सिर शर्म से झुका जा रहा था । उसे लगा जीवन में अब ये दिन भी देखने लिखे थे । वैसे उसको यह सज़ा मिलनी ही चाहिए । उसे कल्पना भी नहीं थी कि इन्टरव्यू लेने वालों में सुप्रिया होगी । उसकी मूल्यहीनता की सोच ने उसके सपनों को ख़ाक में मिला दिया । आज उसके पास कुछ भी नहीं बचा है । अलका से वह नफ़रत करता है सुप्रिया को उसने खुद ठुकराया था ।

तभी मिस्टर राय ने कहा मैडम आप बताइए । कैरियर तो मिस्टर सुवीर का बहुत अच्छा है । यह हमारी कम्पनी के लिए डायनैमिक भी सिद्ध होंगे पर इनके पिछले रिकॉर्ड के कारण ही पहले वाली कम्पनी ने इनको निकाल दिया था ।

सुप्रिया ने कहा - गलती इंसान से ही होती है । उसको सुधरने का मौका देना चाहिए । यह नई जनरेशन अक्सर समाज , संस्कार , रिश्तों , प्यार की कद्र नहीं करती । कुछ नया करने की सोच , कुछ डायनैमिक बनने की तमन्ना , इन्हें सही दिशा न समझ पाने के कारण कहीं का नहीं रखती । वैसे मीडिया , टी वी अखबार किसी को भी कहीं से कहीं

पहुँचा देते हैं । हम इंसान के सही गुणों को पहचानें यही हमारी कम्पनी का उद्देश्य है । हम सुवीर को अपनी कम्पनी में ज़रूर रखेंगे । हमारी कम्पनी को ऐसे लोगों की जरूरत है जो डायनैमिक हों , जिनमें कुछ हौसला हो .....

सुप्रिया यह कहकर जा चुकी थी । सुवीर को लग रहा था आज एक बार फिर सुप्रिया ने माँ का ही रोल अदा किया है । प्यार की यही पराकाष्ठा है । सुवीर कुछ कहता पर उसके शब्द उसके गले में अटक गए थे सुप्रिया जा चुकी थी ..... ।

....

2

ऐसा कभी न हो

मोबाइल की घंटी बजी । समीरा ने लपककर फोन उठाया । वह फ़ोन बिस्तर पर ही रखकर सोती थी न जाने कब फ़ोन आ जाए । उधर से आवाज़ आई - कांग्रेचुलेशन्स मैडम आप माँ बन गईं हैं । बेबी हुई है चार बजकर अट्ठाइस मिनट पर । हाँ ... हाँ नार्मल डिलीवरी से ही हुई है । बिल्कुल स्वस्थ है । वजन 2 किलो 900 ग्राम । एकदम आप जैसी । अब आप लोग जल्दी से आने की तैयारी करिए ।

समीरा की खुशी का ठिकाना नहीं था । पिछले पंद्रह साल से दोनों बच्चे की प्रतीक्षा कर रहे थे । शादी के बाद के शुरू शुरू के दो तीन साल तो यूँ ही गुज़र गए । दोनों अपने अपने कैरियर में लग रहे। समीर एक अमेरिकन कम्पनी का एक्जीक्यूटिव डायरैक्टर बन गया समीरा भी सेल्स डिपार्टमैन्ट की हैड हो गई । देखते ही देखते फ्लैट ,गाड़ी , घर की हर सुख सुविधा की एक से एक शानदार चीजें जुटा लीं पर घर की रौनक चीजें नहीं थीं । बच्चे की किलकारी का कहीं नामोनिशान नहीं था । एक से एक बड़े हॉस्पीटल के चक्कर लगाए दो बार आशा की किरन भी दिखाई दी पर दो तीन महीने बाद ही वह आँसुओं के सैलाब में बह गई । लाखों रूपए खर्च करके आइ वी एफ और , आइ यू आई के लिए भी ट्राई किया पर सफलता नहीं मिली । पंद्रह साल बाद तभी तो समीरा सैरागेट मदर से बच्चा कराने पर राजी हुई । पिछले तीन साल से खोज कर रहे थे । अब कहीं जाकर यह खुशी का संदेश मिला है ।

समीरा ने तुरन्त समीर को उठाया । जल्दी उठो .....देखो डॉक्टर का फोन आया है ...... बेटी हुई है । हम लोगों को जल्दी बुलाया है .... वह तो ठीक है......पर हम जाएगें कैसे ......इस समय न ट्रेन चल रही हैं ....न हवाई जहाज चल रहे हैं ....अपनी कार तक से हम जा नहीं सकते ....देख नहीं रही हो रोज ही न्यूज़ दिखाई जा रही है ....लोगों को पैदल तक नहीं जाने दिया जा रहा ......टैक्सी ,ऑटो , रिक्शा तक चलने की मनाही है ......केवल एम्बुलैन्स या बेहद इमरजैन्सी में डी एम से परमीशन लेकर ही जा सकते हैं ...... पिछले महीने से देश में लॉक डाउन लागू है ....बंगलौर से अहमदाबाद 1400 कि मी है .....कोई जाने को भी तैयार नहीं होगा ....अकेले हम कार लेकर जा नहीं सकते ....उधर से बेबी को लेकर भी आना है ।

हाँ ... अब क्या करें मम्मी को भी नहीं ले जा सकते .....कुछ तो करना पड़ेगा .....डॉक्टर ने कहा है जल्दी आ जाइए ...... कोशिश करता हूँ ......परमीशन का क्या सिस्टम है नैट पर देखता हूँ....अपने दोस्तों से भी पूछता हूँ...

पाँच दिन हो गए । परमीशन ही नहीं मिली । हॉस्पीटल से बार बार फोन आ रहा है । जल्दी आ जाइए । बच्ची को ले जाइए । एक ट्रैवल एजेन्सी से बात की है । उसने कहा है इन्नोवा दे देगें । कोई जाने को तैयार नहीं है । बड़ी मुश्किल से एक ड्राइवर को राजी किया है । 1400 किलोमीटर जाना आना वह भी ऐसे समय में कोई आसान नहीं है । तीन लोगों की परमीशन मिली है । एक ड्राइवर और हम तुम । पैसे बहुत लगेगें मगर क्या करें ।रास्ते में कुछ भी नहीं मिलेगा इसलिए खाने की चीजें ,पानी और जरूरी दवाइयाँ जरूर पैक कर लेना । ड्राइवर सुबह छह बजे आ जाएगा । हॉस्पीटल के ई मेल को दिखाकर बड़ी मुश्किल से परमीशन मिली है वह तो मेरे दोस्त का रिश्तेदार डी एम ऑफिस में है उसी से कह सुनकर बड़ी मुश्किल से परमीशन मिली है । हमें तो कई स्टेट पार कर के जाना पड़ेगा ।

ड्राइवर ने आते ही कहा सर मैं आपको एक बात पहले से बता देना चाहता हूँ मैं पूरे रास्ते लगातार एसी नहीं चला पाऊँगा दो तीन घंटे के बाद आपको खिड़की खोलकर ही रखनी पड़ेगी । मेरी गाड़ी ज़्यादा एसी

का लोड नहीं उठा पाएगी । कहीं रास्ते में खराब हो गई तो कोई मिस्त्री भी नहीं मिलेगा ।

हाँ भई ठीक है ....तुम जैसा कहोगे वैसा ही कर लेगें .... क्या बताएं इतनी मजबूरी न होती तो हम भला जाते ही क्यों ..... हमें अपनी न्यूली बॉर्न बेबी को लेने जाना है । ड्राइवर को शायद कुछ समझ नहीं आया । उसने इधर उधर देखा उसे कोई बच्ची नज़र नहीं आई पर उसने कुछ नहीं कहा ।

लॉक डाउन होने के बाद पहली बार समीर का इस तरह बाहर निकलना हो रहा था । देखो इन सड़कों पर कितनी भीड़ रहती थी .....आज एक भी गाड़ी दिखाई नहीं दे रही ....हाँ और बाज़ार पूरा बन्द पड़ा है ....सड़क पर कोई परिन्दा तक नहीं ....दिन में ऐसा सन्नाटा तो कभी न देखा न सुना

कोई सोच सकता था कि भला एक दिन ऐसा आएगा जब हवाई जहाज , रेलें , टैम्पो ,टैक्सी सब बन्द हो जाएगें ....रोज न्यूज़ देखकर दिल बैठ रहा है .....चीन , अमेरिका ,इटली , फ्रान्स , इंग्लैन्ड , स्वीडन , ब्राजील , जर्मनी सब जगह से सिर्फ़ मौत की खबरें आ रही हैं ....एयरपोर्ट पर हवाई जहाज लाइन से खड़े हैं .....कहते हैं कि रेल कभी नहीं रूकती ......आज रूकी पड़ी हैं ....बताइए , न कहीं कोई आ सकता है न जा सकता है ....कहाँ बुलेट ट्रेन चलाने की बात हो रही थी ......मंगलयान और चंद्रयान भेजने की तैयारी हो रही थी , कहाँ पूरा विश्व स्तब्ध खड़ा है ....यह सन्नाटा कितना भयानक लग रहा है ....

मुश्किल से तीन घंटे बीते होगें । खाली सड़क पर गाड़ी सरपट दौड़ रही थी । थोड़ी दूर पर लोगों की भीड़ इकट्ठा थी । पुलिस वाले बैरियर लगाए बैठे थे । हर आने जाने वाली गाड़ी को रोक रहे थे । ड्राइवर ने कहा मैं कागज़ दिखा कर आता हूँ । बैरियर पर खड़े सिपाही ने कहा ......कहाँ से आ रहे हो ....कहाँ जा रहे हो ....सर बंगलौर से आ रहे हैं ....अहमदाबाद गुजरात जा रहे हैं ....तुम्हें पता नहीं कोई एक स्टेट से दूसरी स्टेट नहीं जा सकता

सर हम परमीशन लेकर आए हैं .....उसने कागज़ दिखाया

तुम्हें पता है परमीशन केवल इमरजैन्सी के लिए होती है .....क्या कोई बहुत बीमार है

नहीं मुझे नहीं मालूम .....साहब को पता होगा ...

तभी एक दुबले पतले लड़के ने रोते हुए कहा ......साहब मुझे जाने दो ....मैं साइकिल से 100 किलोमीटर चलकर आया हूँ.......गाँव जाना है ....मेरी अम्मा खतम हो गई हैं

मैं क्या कर सकता हूँ.... किसी को जाने की परमीशन नहीं है ...सिपाही ने गुर्राते हुए कहा

तभी ड्राइवर ने कहा ....साहब आप ही जाकर बात करें । वह हमारी बात नहीं सुनता ।

समीर ने उतर कर जाने की बात कही

सिपाही ने चिल्लाकर कहा ...कोई कहीं नहीं जाएगा .....चुपचाप जाकर गोले में खड़े हो जाओ ...

डॉक्टर पहले सबकी जाँच करेंगे ।

मगर क्यों ...मैं तो बिल्कुल ठीक हूँ

जितना कहा जाए उतना करो .....चुपचाप डॉक्टर के पास चले जाओ .....और गाड़ी में जो भी हो उसको भी बुला लाओ ....समीर ने उसकी बात मानने में ही भलाई समझी । रोज रोज टी वी चैनल वाले यही सब दिखा रहे थे । गाड़ी सीज़ कर दी गई । लोगों को रोक दिया गया । अब यहाँ इसके अलावा कोई चारा भी नहीं ......

समीरा हम पहले चलकर टैस्ट कराते हैं...... वह किसी हालत में मानेगा नहीं

डॉक्टर ने हरे रंग के थर्मामीटर को माथे के पास ले जाकर थर्मल स्क्रीनिंग की ......नाम ,पता , मोबाइल नम्बर सब नोट किया फिर कहा ठीक है ....वहाँ जो सिपाही बैठे हैं उन्हें जाकर परमीशन पेपर दिखाओ ...

सिपाही ने देखते ही कहा यह कोई परमीशन है ...... क्या कोई बीमार है .... क्यों जा रहे हो ...

सर मैं अपनी न्यूली बॉर्न बेबी को लेने जा रहा हूँ ..यह मेरी मिसेज हैं ....

अरे मिसेज साथ हैं तो न्यूली बॉर्न बेबी कहाँ है ? बच्ची तो माँ के पास ही होगी ना...

नहीं बेबी गुजरात के हॉपीटल में है ..... हम उसे ही तो लेने जा रहे हैं ....देखिए हॉस्पीटल से यह मेल आया है ....इसी पर तो हमें परमीशन मिली है .....

बैरियर पर काफी भीड़ इकट्ठी हो गई थी । दो तीन लोग रो रहे थें । जाने दीजिए साहब ... हमें अपने गाँव जाना है ......दो दिन से पैदल चल रहे हैं .....रास्ते में कुछ खाने को भी नहीं मिला .....भूखे प्यासे हैं साहब ....बड़ी मेहरबानी होगी ...

सिपाही ने डांटते हुए कहा ... मगर मैं क्या करूँ ....लॉक डाउन चल रहा है ....कोई एक स्टेट से दूसरे स्टेट नहीं जा सकता ....

समीर ने कहा.....देखिए मेरे पास यह परमीशन लैटर है । सिपाही ने उलट पुलट कर देखा फिर कहा ....मुझे कुछ समझ नहीं आ रहा ...यह कैसी परमीशन है ...बेबी को लेने जाना है .....बीबी साथ में है .....जाने कैसे कैसे लोग चले आते हैं ....सिपाही ने झल्लाते हुए कहा ....आप जाकर बड़े साहब से बात करिए ....

समीर ने देखा एक छोटा सा टैन्ट लगा था जिसमें दो तीन कुर्सियाँ और एक मेज पड़ी थी । वहाँ बैठे सिपाही ने पूछा बताइए क्या परेशानी है ....

समीर ने कहा ...सर हमारे बेबी हुई है उसको लेने जाना है ....यह मेरी मिसेज हैं ट

जब मिसेज साथ हैं तो फिर बेबी कहाँ है ...उसे क्यों छोड़ दिया ...

छोड़ा कहाँ सर ....अभी तो हमने उसे देखा ही नहीं.......

क्यों नहीं देखा .....क्या बात है .....

सर अब मैं क्या बताऊँ.....दरअसल हमारी बेबी सैरोगेट बेबी है ....और अभी हॉस्पीटल में ही है वहीं से फ़ोन आया है

सैरोगेट बेबी ? यह क्या होता है ?... एक दूसरे पुलिस वाले ने पूछा ...

सर आपने टैस्ट ट्यूब बेबी सुना होगा .....मेरी बेबी भी टैस्ट ट्यूब बेबी है ...

वहाँ बैठे लोगों ने अजीब मुस्कान के साथ देखा.....

तभी इंस्पैक्टर से दिखने वाले पुलिस वाले ने कहा ...... अरे भई यह बड़े आदमियों की बातें हैं ....पेपर में पढ़ा नहीं था गुजरात आजकल सैरोगेसी का हब बनता जा रहा है .....देश विदेश से लोग बच्चों के लिए यहाँ आते हैं .... फिर उलट पलट कर परमीशन लैटर देखा कहा जाने दो इन्हें ....

समीर को बहुत गुस्सा आ रहा था । समीरा की आँखों में आँसू आ गए । हमारी किस्मत ही खराब है तभी तो हमें यह दिन देखने पड़ रहे हैं ।

सुबह से चले थे शाम के चार बजने वाले थे । अप्रैल का महीना धूप में तेजी शुरू हो गई थी । एसी भी बीच बीच में बन्द करना पड़ रहा था । ड्राइवर ने कहा सर अब थोड़ी देर के लिए रूकना पड़ेगा । दस घंटे से चल रहे हैं ।

सड़क पर पैदल चलने वाले मजदूरों का भी काफ़िला मिल जाता था । दिल दहलाने वाली व्यथा थी । सिर पर उजड़ी हुई गृहस्थी के कुछ बचे हुए तिनकों का बोझ सिर पर उठाए , खाली पेट , कहीं पानी , कहीं कुछ बचाकर रखे हुए बिस्कुट या रोटी के टुकड़ों के सहारे जीने की लालसा में जिस घर को छोड़ आए थे वापस उसी में सिर छिपाने की आशा लिए चले जा रहे थे । इक्कीसवीं सदी में तेरहवीं सदी जैसे जीते हुए लोग पता नहीं कोरोना से जीवन बचा रहे थे या हर पल मौत से बचने के लिए भूख से जूझ रहे थे । अपने एयरकन्डीशन्ड घर और ऑफिस में बैठे हुए समीर और समीरा ने ज़िन्दगी की ऐसी त्रासदी की कल्पना नहीं की थी । किसी न्यूज़ चैनल पर घटनाओं को देखना और सामने घटित होते हुए देखने में बड़ा फ़र्क होता है ।

अभी उनकी कार रूकी ही थी कि पास से गुज़रते हुए काफ़िले में से कई लोग उनके पास लपककर आए । एक औरत की उंगली पकड़े मुश्किल से चार साल का बच्चा था । औरत को देखकर लग रहा था कि अब दूसरा बच्चा भी होने वाला है । औरत ने रोते हुए कहा - साहब हम मजदूर लोग हैं ......भीख नहीं मांगते ......क्या करें फैक्ट्री में काम करते थे .....फैक्ट्री बन्द हो गई ......न खाने को रोटी थी न सर पर छत ...मजबूरी में वापस बिहार अपने गाँव जा रहे हैं ......हम तो किसी तरह गुजारा कर लेगें पर यह बच्चा बहुत भूखा है ......साहब बड़ी मेहरबानी

होगी अगर आप कुछ मदद कर दें ......रास्ते में दुकानें तक बन्द हैं ......हमारे पास न पैसे हैं न खाना ....कितना पैदल चलें ....

थकान से पस्त बच्चे से खड़ा भी नहीं हुआ जा रहा था । समीरा ने अपनी कार से दो बिस्कुट के पैकेट दिए । दो सौ रूपए निकाल कर कहा .....देखो आगे कुछ मिले तो खा लेना । वैसे हम भी तुम्हारी तरह बहुत परेशानी में हैं ।

कम से कम पचास लोगों का झुन्ड था सबके सिर पर कपड़े लत्तों की गठरी , हाथ में थैला । थके -हारे , फटे हाल । समीरा की आँखों में आँसू आ गए । बोली देखो एक यह हैं जिनमें पालने की सामर्थ्य नहीं और ईश्वर इन्हें बच्चे पर बच्चे दिए चला जा रहा है एक हम लोग हैं जो बच्चे के लिए क्या क्या जतन नहीं कर रहे ।

कुछ देर रूकने के बाद फिर गाड़ी आगे चली । चार पाँच बार परमीशन को लेकर फिर वही प्रक्रिया दोहरानी पड़ी । बेहद दुःख और परेशानी को सहकर किसी तरह सुखदा हॉस्पीटल पहुँचे । हॉस्पीटल में मास्क ,सैनीटाइज़र, थर्मल स्क्रीनिंग , सोशल डिस्टैंसिंग, जैसी कई कई फ़ार्मेल्टी को पूरा करके अन्दर जाने दिया गया । समीरा अपने साथ बेबी के लिए कपड़े , खिलौने ,नैपकिन और ऐसी ही कई चीजें लाई थी जिसे उसने न जाने किन किन शो रूम से जाकर बड़े प्यार से खरीदा था .....डॉक्टर ने कहा..... हैलो मिस्टर समीर ...वैलकम टु यू एन्ड हर्टी कांग्रेचूलेशन्स .....थैन्क यू मैम .....

हाउ आर यू .....मैम वी आर वैरी मच टायर्ड .... आपने जल्दी आने को कहा था इसलिए पूरी कोशिश करके बड़ी मुश्किल से परमीशन लेकर आ रहे हैं ....रास्ते में हमने वह देखा जिसकी कभी कल्पना भी नहीं की थी ......

यू आर राइट मिस्टर समीर .... मगर हमारी मजबूरी है ......हमारे हॉस्पीटल में इस समय 25 बेबी हैं .....जिनके पेरेन्ट्स को जर्मनी , फ्रांस , कनाडा ,यू के , बेल्जियम , अमेरिका से आना था पर लॉक डाउन की वजह से नहीं आ पाए ..... इन बच्चों की मदर अपने घर जाना चाहती हैं .....सर हमारी परेशानी देखिए इनमें चार बच्चों के पेरेन्ट् की कोरोना में डैथ हो गई है .... अब इनका हम क्या करें हमारे लिए यह भी समस्या बन

गई है .....इसीलिए हम बच्चों को जल्द से जल्द उनके पेरेन्ट्स को हैंड ओवर कर देना चाहते हैं ..... आजकल स्टाफ से लेकर इंफ्रास्ट्रक्चर तक कितनी परेशानियां हम लोगों को उठानी पड़ रही हैं हम बता नहीं सकते ....

मैडम हम अपनी बच्ची को देखना चाहते हैं ......

नर्स ने दूर से ही बच्ची को लाकर दिखाया ....समीरा ने जैसे ही हाथ बढ़ाया ....डॉक्टर ने कहा ....सॉरी सर .....अभी आप दूर से ही बच्ची को देख सकते हैं ...हम अभी बच्ची आपको दे नहीं सकते ......सरकार की गाइड लाइन के अकार्डिंग अभी आपको चौदह दिन क्वारन्टाइन होम में रहना पड़ेगा .....आपको कोई असुविधा नहो इसके लिए हमने हॉस्पीटल के पास ही गैस्ट हाउस अरैन्ज कर दिया है.....

ओ माई गॉड .... अब क्या करें ....अभी तो हम वापस भी नहीं जा सकते ....हमारे पास इसके सिवा और कोई चारा भी नहीं ......

किसी तरह चौदह दिन गैस्ट हाउस में काटे । लगा जैसे जेल में बन्द हों ...चलते समय हॉस्पीटल वालों ने दूध के डिब्बे , दवाई नैपकिन तरह तरह के इंस्ट्रक्शन्स देकर विदा किया । पहली बार समीरा ने बच्ची को गोद में उठाया । उसे लगा जैसे उसकी सारी थकान नन्हीं परी की मुस्कान देखकर हिरन हो गई थी ।

हॉस्पीटल वालों ने ही टैक्सी और परमीशन की व्यवस्था करा दी थी । अप्रैल महीने का आखिरी सप्ताह , धूप और तेज हो चली थी । लॉकडाउन का दूसरा फ़ेज़ चल रहा था । सड़कों पर मजदूरों के दृश्य और दुखद हो चले थे । समीरा के लिए बच्ची की देख भाल करना कठिन लग रहा था । बार बार बच्ची रोने लगती थी । चलती कार में दोनों अपने हिसाब से बहुतेरा संभालने की कोशिश कर रहे थे । दूध की बोतल , गर्म पानी , नैपकिन सबको सही से रखने की समस्या में दोनों बेहाल हुए जा रहे थे ।

किसी तरह दिन कटा । रात का अंधेरा बढ़ने लगा । गाड़ी सूनसान हाइवे पर दौड़ी चली जा रही थी । डर भी लग रहा था । बच्ची बेतहाशा रोए चली जा रही थी । समीरा का कलेजा मुँह को आ रहा था । क्या करे ? किसको दिखाए ? कहीं बीमार तो नहीं हो गई ? दूर दूर तक किसी का कोई नामो निशान नहीं । समीरा बच्ची को सीने से लगाए बैठी थी । बच्ची ने

रोना बन्द कर दिया था । उसे लगा शायद सो गई है । सवेरा होने लगा था ।

समीर हम कितनी देर में पहुँचेगें ?....बस थोड़ी देर और लगेगी ।

पंद्रह दिन हो गए हैं घर भी बन्द पड़ा है । पहले जाकर सफाई करेंगे।

नहीं अब तुम्हारी सफाई बाद में पहले बेबी की देखभाल करनी पड़ेगी .....वास्तव में अब फुर्सत कहाँ मिलेगी ।

समीरा ने कहा बड़ी देर हो गई एक बार दूध और बना लें ....समीरा ने बड़े प्यार से गोद में लिटाया ......चलती कार में कहीं हिचकोला न लगे ....उसे लग रहा था जैसे कोई नन्हीं परी उसके घर आ रही है ....सफेद संगमरमर जैसी गुड़िया गुलाबी फ्राक में कितनी सुन्दर लग रही थी ......

पर बच्ची में कोई हरकत नहीं हुई.......न वह हिली डुली न रोई चिल्लाई ....समीरा स्तब्ध समीर को काटो तो खून नहीं ....दोनों की आँखों से आँसू बहने लगे । यह क्या हो गया ? ड्राइवर बाल बच्चेदार आदमी था उसकी भी आँखों में आँसू आ गए ....बोला साहब इस कोरोना काल में जाने कितनों के घर उजड़ गए । मैं क्या बताऊँ ....तीन दिन पहले मेरा दस साल का हंसता खेलता बेटा दो घंटे में खतम हो गया ..... दिल पर पत्थर रखकर आया हूँ....... आप दुनिया की हालत देख रहे हैं .....यही प्रलय है ....यही प्रलय है......

समीरा दहाड़ मारकर रोने लगी । बोलो समीर ..... अब क्या करें ? कहाँ जाएं ?यह हमारे साथ ही क्यों हुआ ...... हमें अब और क्या क्या सहना पड़ेगा ....

3

वोट परसैन्ट

टी वी पर विज्ञापनों की भरमार रहती है । ज़रा शान्ति से कोई प्रोग्राम देखने लगो तो हर पाँच दस मिनट बाद पाँच सात मिनट के विज्ञापन चलने लगते हैं । एक तो यूँ ही अपना मन टी वी देखने में कम लगता है ऊपर से यह विज्ञापन चैन से देखने नहीं देते । सीरियल देखना ज़्यादा अच्छा नहीं लगता । हाँ न्यूज़ अक्सर देखती हूँ । आजकल न्यूज़ के भी बहुत से चैनल दिन रात चलते रहते हैं । एक ही न्यूज़ को बार - बार लगातार अलग- अलग तरीके से दिखाते रहते हैं । कभी - कभी ऐसा भ्रम उत्पन्न कर देते हैं कि पता ही नहीं चलता कि सच क्या है । सबसे अच्छी बात यह है कि सब एक दूसरे को भला बुरा कहते रहते हैं और अपनी तारीफ़ में लगे रहते हैं ।

इधर इलैक्शन क्या शुरू हुए कि चैनल वालों की सक्रियता बहुत ज़्यादा बढ़ गई है । कुछ भी कहो कि आज इतनी जागरूकता तो आ ही गई है कि कोई जल्दी बेबकूफ़ नहीं बना सकता । सरकार अपनी योजनाओं का गुणगान कर रही है । मंत्री जी बता रहे हैं कि हमने गरीबों को गैस सिलिन्डर बांटे , शौचालय बनबाए ,आयुष्मान योजना का लाभ दिया ,गरीबों को घर बांटे । वहीं विपक्ष चिल्ला चिल्ला कर कह रहा है कि बेरोजगारी बढ़ी , किसान आत्म हत्या कर रहे हैं, जी एस टी ने जनता को परेशान कर दिया है । एक दूसरे के कारनामों की बखिया उधेड़ी जा रही है । भाई भतीजावाद से लेकर घोटालों तक की चर्चा , सात

पीढ़ियों के कारनामों का लेखा जोखा बताने में लगे हैं । कई मीडिया वाले भविष्यवाणी करने में लगे हुए है। देखते रहिए , किसकी सरकार !

आजकल एक नया ट्रैन्ड भी शुरू हो गया है डिबेट का । कोई एक टॉपिक लिया ,पकड़ लिया कैमरा , इकट्ठे हो गए लोग , शुरू हो गई चकल्लस । दर्शक समझ नहीं पाता कि यह चैनल में खड़े लोग यूँ ही मिल गए या बटोर कर लाए गए हैं । सब अपनी - अपनी पार्टी के गुणगान करने में लगे हुए हैं । कल तक जो एक दूसरे के दुश्मन थे वह आज यूँ गले मिल रहे है। जैसे इनके तन मन एक हों । ऐसे मिले भी क्यों न । तन मन एक हों न हों धन तो एक है । उसकी रक्षा तो येन केन प्रकारेण होनी ही चाहिए । कुछ ही दिनों की तो बात है फिर शुरू हो जाएगा अपनी - अपनी ढपली अपना -अपना राग का क्रम ।

गंगा ने तमक कर कहा हम काहे न जइबे बोट डारै । उ कई पार्टी वारे आए रहै । हाथ जोड़ कर कह गए बहन जी बोट डालने जरूर आना । अब देखो मेमसाहब हमरा वोट तो गाँव मा है । हम बोट डारै जरूर जइहैं । बस गाँव जाइका पड़ी । हमार भैया , भौजाई , जिया बहिनी ,पितियातू सबहीं जाय रहीं हैं । सब कुल मिलाय के पचीस जने हैं । एक डाला बुक किए हैं । सुबहा जइहैं संझा तनी वापिस आय जइहैं ।

अच्छा अब एक दिन छुट्टी और करोगी । पहले ही पाँच दिन की छुट्टी मार चुकी हो । और जब जाती हो तो अगले दिन भला आती भी कहाँ हो ।

नाहीं साहिब अइसन थोड़े ही है । बस सुबह वाई डाला से जइहै। उहै से वापस आय जइहैं ।

मैंने अखबार पढ़ते पढ़ते ही कहा हाँ - हाँ ठीक है । जब टी वी पर रेडियो पर इतना प्रचार किया जा रहा है तो वोट डालने जरूर जाओ । मगर अगले दिन लौट जरूर आना ।

अपने घर पर रखी पर्चियों की याद आई । पर्चियाँ तो पाँच आई हैं पर हम लोग तो चार ही हैं । एक तो हम लोगों के बच्चे विदेश चले जाते हैं हमारा वोट शेयर वैसे भी कम हो जाता है । ऋषि अमरीका है वह तो नहीं आ सकता पर सचिन तो आ सकता है । दिल्ली कोई दूर तो है नहीं जहाँ से आया नहीं जा सकता । कितनी बार कहा है पहले से रिजर्वेशन करा

लो पर कौन सुनता है । वैसे पूछ कर देखती हूँ कि रिजर्वेशन कराया कि नहीं ।

ट्रिन ..ट्रिन ...ट्रिन बडा गुस्सा आता है । जाने क्या मुसीबत है जब देखो इसका फ़ोन बिज़ी जाता है । सबसे बात करने के लिए इनके पास टाइम है । बस मम्मी के लिए इनके पास फ़ुर्सत नहीं है ।

हाँ बोलो क्या बात है ।

अरे मैं पूछ रही हूँ तुमने कि रिजर्वेशन कराया कि नहीं । वोट डालने आना है कि नहीं । अभी तक तुम्हारा वोट तो यहीं है ।

अरे मेरे एक वोट से क्या फ़र्क पड़ जाएगा, तुम्हें पता है छुट्टी की कितनी समस्या रहती है ।

चार चार दिन घूमने जाते हो तब छुट्टी के लिए कोई प्राब्लम नहीं होती । यही तो समस्या है इस देश की । पढ़े लिखे लोग बातें तो बड़ी बड़ी करते हैं पर वोट देने जाने के लिए इनके पास टाइम नहीं होता । काम वालों को देखो सब वोट डालने जाने कहाँ कहाँ अपने घर जा रहे हैं । एक हमारे घर के लोग हैं ।

उनका किराया नहीं लगता होगा । फ्लाइट कितनी मंहगी है । ट्रेन में रिजर्वेशन की समस्या है । कैसे आऊँ ।

दोस्तों के साथ घूमने के लिए तत्काल में रिजर्वेशन ब्रोकर के थ्रो मिल जाता है और तब फ्लाइट के लिए भी नहीं सोचते । मगर मैं कहती हूँ कि लोकतंत्र के पर्व के लिए आना ही चाहिए । बड़े अफ़सोस की बात है अमेरिका ,लन्दन और जाने कहाँ कहाँ के धक्के खाकर जब टैम्पोरैरी सिटीज़नशिप भी कहीं मिल जाती है तो उसे बड़े गर्व के साथ फेसबुक ,वाट्सएप और जाने कहाँ कहाँ गर्व से शेयर करते हो । पर यही अपने देश की जो नागरिकता मिली हुई है उस जन्मभूमि की कद्र नहीं करते ।

अच्छा ठीक है । रखिए , देखूँगा ।

सुबह से ही पति देव ने टी वी चला दिया है । अलग अलग चैनल पर संवाददाता लगातार दिखा रहे हैं । जगह जगह वोट डाले जा रहे हैं । लम्बी लम्बी कतारों में लोग खड़े हुए हैं । मतदान का प्रतिशत बहुत ही कम रहा है । मात्र 43.6: । लोग अपनी अपनी राय दे रहे हैं ।

मैंने बड़े गर्व से कहा कुछ भी हो मैंने अच्छे नागरिक का फ़र्ज़ निभाया । वैसे सचिन आता नहीं पर मैंने जब कहा तो आ गया ।

पतिदेव ने कहा आता कैसे नहीं । पाँच साल तक तुम्हारा भाषण भला कौन सुनता ।

मगर मैंने तो गंगा को भी भेज दिया है । वह भी बड़े जोर शोर से कह रही थी सरकार हम लोगन का घर बनबाए , सिलिन्डर दिया , शौचालय बनबाए तो हम भला वोट देन क्यों न जाब ।

हाँ हाँ देख लेना अपनी गंगा को ।

गंगा अबकी बार तूने अच्छा किया । एक दिन के लिए कहा था और लौट भी आई । हर बार तो जब जाती थी तो दो तीन दिन लगाकर आती थी । वोट डाल आई ।

हाँ मेमसाब । हम गईं । तुरतै वोट डालिस और चली आईं ।

सच्ची बता । तूने वोट डाला । अच्छा दिखा उंगली ।

ई देखौ ।

झूठ बोल रही है । अगर वोट डाला होता तो उंगली पर नीला निशान होता ।

अरे हम तुरतै मिटाय दिहिस ।

वह निशान मिट ही नहीं सकता । तुम झूठ बोल रही हो ।

काहे गुस्सात हौ साहिब । अगर हम एक वोट नहीं डाला तो कौन सा फ़रक पड़ जाएगा ।

जौ सबका मिलैगा तौ हमहू पाव । हमको कौन सा कोई कुछ अलहिदा दै जाब ।

टी वी पर डिबेट चल री है । समीक्षा की जा रही है । वोट का परसैन्टेज कम क्यों ।

लोकतंत्र की रक्षा मतदान का अधिकार ।

....

4

अम्मी

बेटा क्या इंडिया में तुम्हें जॉब नहीं मिल सकती ? क्या तुम्हारा दुबई जाना ज़रूरी है ?

अम्मी इंडिया में जॉब की कितनी मारामारी है आपको पता है । फिर यह बहुत बड़ी कम्पनी है । इसका पैकेज भी बहुत अच्छा है । इंडिया में आज कम्प्यूटर इंजीनियर्स की भरमार है । हर शहर में एक इंजीनियरिंग कॉलेज खुल गया है । बेचारे लड़के आठ आठ हज़ार की नौकरी कर रहे हैं । आप ही बताइए क्या होता है इतने कम पैसों में । आपने मुझे कितनी मेहनत से पढ़ाया है ।

ठीक है बेटा यहीं रहोगे तो मेरे पास रहोगे । तुम्हें पता है जब तुम पाँच महीने के थे तुम्हारे अब्बू गुज़र गए थे । मुझे तो दुनियादारी का पता भी नहीं था । वह तो अल्लाह का शुक्र है वह बैंक में नौकरी करते थे उन्हीं की जगह पर मेरी नौकरी लग गई वरना कैसे तुम लोगों को पढ़ाती ? कहाँ से तुम्हारी बहन की शादी करती ?

अम्मी अब आपको और ज़्यादा मेहनत करने की ज़रूरत नहीं पड़ेगी । कम्पनी बहुत पैसा देगी । दो साल की ही तो बात है । फिर दुबई कौन सा ज़्यादा दूर है । केवल पाँच घंटे की फ्लाइट है । वहाँ तो हमारे यहाँ के बहुत से लोग हैं ।

बेटे हैं तो यहाँ भी बहुत से लोग पर अपना बेटा पास ना हो तो दुनियाँ सूनी लगती है । मैं तो चाहती थी कि तुम्हारी भी शादी हो जाती तो अच्छा

था। मेरी ज़िम्मेदारी पूरी हो जाती। तुम्हारा घर बस जाता।

आप दिल छोटा ना करें मैं आता जाता रहूँगा। देखना दिन कैसे बीत जाएगें पता ही नहीं चलेगा।

एक एक करके तीन साल बीत गए। खुद सुहेल को पता नहीं चला। कम्प्यूटर पर काम करते करते कब सुबह से शाम हो जाती थी पता ही नहीं रहता था। बीच बीच में घर की बहुत याद सताती थी। अम्मी से बात भी होती रहती थी। घर में पैसे भेजने से घर का चेहरा भी बदला हुआ दिखता था। अम्मी को कह सुनकर स्मार्ट फ़ोन दिलवा दिया था। वीडियो कान्फ्रैन्सिंग से अम्मी कोई भी चीज़ आती उसे दिखाती रहती थीं। कई बार अम्मी का फ़ोन आया अब वापस आ जाओ। मैंने तुम्हारे मामू की बेटी सफ़िया से शादी की बात की है। सफ़िया तुम्हारी देखी हुई है। अपने घर परिवार की है। मगर हर बार उसने हँस कर टाल दिया।

अम्मी अभी यहाँ नया प्रोजैक्ट शुरू हुआ है। कम्पनी छुट्टी नहीं दे रही। मेरा प्रमोशन हो गया है।

अम्मी की हर बार एक ही बात होती थी मेरी बड़ी ख़्वाहिश है कि अपने बेटे के सिर पर सेहरा देखूँ। सफ़िया के घर वाले भी काफ़ी ज़ोर दे रहे हैं।

अम्मी लड़कियों की कमी नहीं है बहुत मिल जाएगीं पर ऐसे मौक़े बार बार नहीं आते। मामू से कहिए वह सफ़िया की शादी कहीं और कर दें। मुझे अभी कोई शादी नहीं करनी।

फ़िर एक दिन अम्मी ने कहा था कि सफ़िया की शादी हो गई। आख़िर वह लोग कितने दिन इंतज़ार करते। तुम्हें गए पाँच साल हो गए। तुम्हारे लौटने का भी कुछ पता नहीं। मैं भी रिटायर हो गई हूँ। अकेली रहती हूँ तबियत ठीक नहीं रहती।

उसे याद आया कि उसने अम्मी की आवाज़ में ऐसा दर्द पहले कभी नहीं महसूस किया था। आलिया का भी फ़ोन आया। उसने कहा - भाई जान अम्मी की तबियत ठीक नहीं। वह दिन पर दिन कमज़ोर होती जा रही हैं। उन्हें भूलने की भी बीमारी शुरू हो गई है। जाने कैसी कैसी बातें करती हैं। बस हर समय एक ही रट लगाए रहती हैं। सुहेल को बुला दो। सुहेल को बुला दो। कभी कहती हैं यहीं तो है सुहेल। आलिया देखो

कॉलेज गया है , आता ही होगा । कभी कहती हैं जाने ऑफिस की छुट्टी कब होगी ? देखो छह बज गए सुहेल अभी तक नहीं आया । भाईजान अम्मी की बातें सुनकर कलेजा मुँह को आता है । आप वापस आ जाइए । अम्मी बहुत परेशान हैं ।

सुनकर उसका कलेजा मुँह को आ गया । अम्मी को ख़ुश देखने के लिए ही तो उसने इतनी मेहनत की है । अम्मी हमेशा कहती रहीं हैं कि मुझे पैसा नहीं चाहिए । मुझे मेरा बेटा चाहिए । मेरे पास बैठे । मुझसे बात करे । इस वीडियो कॉलिंग से मुझे संतोष नहीं मिलता । उस दिन कैसे अम्मी ने कहा था कि क्या तुम तब आओगे जब मैं चली जाऊँगी । डॉक्टर ने मुझे लिवर सिरोसिस बताई है । अब मेरा कोई ठिकाना नहीं है । उसी क्षण सुहेल जैसे आसमान से धरती पर गिर पड़ा । तुरन्त फ़ैसला किया । कम्प्यूटर पर फ्लाइट देखी । 24 मार्च 2020 की फ्लाइट बुक करा दी । अभी तो एक महीना है तब तक छुट्टी के लिए भी कोशिश कर लूँगा ।

अम्मी से रोज़ फ़ोन पर बात हो जाती थी । कभी बोल पाती थीं कभी नहीं बोल पाती थीं । एक ही बात दोहराती थीं । बेटे आ जाओ मैं मरने से पहले तुम्हें देखना चाहती हूँ ।

बड़ी मुश्किल से एक एक करके दिन काटे । पता नहीं अचानक दुनियाँ को क्या हो गया । रोज़ ही अमेरिका , फ्रांस , इंग्लैंड , चीन , स्पेन , इटली , ब्राज़ील से लोगों के मरने की ख़बरें आने लगीं । न जाने कहाँ से कोरोना वायरस आ गया । लाइलाज बीमारी । कोई दवा नहीं , कुछ पता नहीं । बस तेज़ बुखार , खाँसी , सांस लेने में तकलीफ़ और आदमी ख़त्म । जाने क्या होगा ? या अल्लाह अम्मी ठीक रहें। क्या करूँ ? कैसे करूँ ? एक एक करके बीस दिन काटे । रोज़ आलिया कहती भाईजान अम्मी की तबियत ठीक नहीं ।

आलिया तुम अच्छे से अच्छे डॉक्टर को दिखाओ । । पैसे की चिन्ता मत करो मैं भेज रहा हूँ । हर घड़ी उसकी नज़रें कम्प्यूटर पर कम , मोबाइल के मैसेज पर ज़्यादा रहतीं । उसने अपना सारा सामान पैक कर लिया । अम्मी के लिए बढ़िया सा सूट और सोने के कंगन खरीदे । सारी ज़िन्दगी अम्मी की कलाइयाँ सूनी ही रहीं । अम्मी कितना खुश हो

जाएगीं । या अल्लाह अम्मी को ठीक रखना ।

पर यह न्यूज़ चैनल वाले क्या दिखा रहे हैं । 20 मार्च से सारी इंटरनेशनल फ्लाइट्स बन्द । अब क्या होगा ? मेरी फ्लाइट 24 मार्च की है । क्या करूँ ?

सुहेल की आँखों से आँसू बह निकले । आलिया का फ़ोन था । भाईजान अब क्या होगा ? आप कैसे आएगें ? जिस दिन से अम्मी ने आपके आने ख़बर सुनी थी वह बहुत ख़ुश थीं । कहती थीं अब मेरा सुहेल आ जाएगा । मैं कहीं नहीं जाऊँगी । मैं ठीक हो जाऊँगी । मुझे उसके सर पर सेहरा बांधना है । कितनी ही लड़कियों के फ़ोटो अपने सिरहाने रख छोड़े हैं आपको पसन्द कराने के लिए । अब फ्लाइट कब चलेगी ।

पता नहीं । यह क्या हो रहा है ? सारी दुनियाँ की फ्लाइट बन्द हो गईं । जहाँ देखो एयरपोर्ट पर हवाई जहाज ऐसे दिखाए जा रहे हैं जैसे खिलौनों की दुकान पर खिलौने वाले हवाई जहाज खड़े रहते हैं । क्या पता अभी चार दिन बाकी हैं शायद फ्लाइट चल जाए । पर यह न्यूज़ वाले क्या दिखा रहे हैं ।

इंडिया में पूरा लॉक डाउन 15 दिन के लिए ! कोई घर तक से नहीं निकल सकता । ट्रेनें , बस , रिक्शा , टैक्सी तक बन्द ! कोई अपनी सवारी तक से नहीं जा सकता ! त्राहि त्राहि मची है । कोरोना पॉज़िटिव लोगों को ढूँढ ढूँढ के पकडा जा रहा है । यह मेरे देश को क्या हो गया । मैं कैसा छोड़कर आया था । जहाँ गाड़ियों की रेलमपेल मची रहती थी , सड़कों पर इतनी भीड़ कि सिर ही सिर दिखाई देते थे वह सड़के इतनी सूनी ! गलियों में पुलिस का पहरा । राशन और दवाइयों को छोड़कर सब बन्द !

भाईजान हम लोग यहाँ बहुत परेशानी में हैं । अम्मी के पास पहुँचने तक में हम लोगों को बहुत दिक्क़त होती है । कोई किसी के घर नहीं जा सकता । झाड़ू पोंछे वाली ,खाना बनाने वाली सबका आना बन्द हो गया है । वह तो कहिए मेरा घर बगल वाली गली में है किसी तरह से पुलिस वालों से ख़ुशामद करके आ जाती हूँ। अम्मी को डॉक्टर तक ले जाना मुश्किल हो गया है । प्राइवेट डॉक्टर्स ने देखना बन्द कर दिया है । सरकारी अस्पतालों में कोरोना के मरीज़ देखे जा रहे हैं ।

दुनियाँ ऐसी बदल जाएगी कभी सोचा न था। किसी तरह एक महीना बीता। भारत सरकार ने विदेशों में फंसे भारतीयों को निकालने के लिए वंदे भारत मिशन फ्लाइट्स शुरू की। सुहेल ने इंडिया वापस जाने के लिए एम्बैसी के कितने ही चक्कर लगाए यह उसे ही पता है। फ़ोन पर जवाब नहीं मिलता। सरकारी आंकड़ों के हिसाब से 2.59 लाख लोगों ने 98 देशों से भारत वापस आने के लिए रजिस्ट्रेशन कराया है। सबकी अपनी समस्यायें हैं। किसी की नौकरी छूट गई, कोई खुद बीमार है। किसी के घर वाले इंडिया में बीमार है, किसी का वीसा ख़तम हो गया, कोई विदेश घूमने गया था अचानक फ्लाइट्स कैंसिल होने के कारण फंस गया। लोगों को रोज़ी रोटी के पड़ गए। जितने लोग उतने दुःख। कौन किसको ढाढस बंधाए।

इंडिया के न्यूज़ चैनलों की तस्वीरें और भयावह लग रही हैं। सड़कों पर भूखे, प्यासे चलते मज़दूर, एक्सीडैन्ट में मरते लोग, अस्पतालों में रोते बिलखते लोग। विदेशों के आंकड़े भारत से भी ज़्यादा भयावह। लाशों को कफ़न देने के लिए लोग नहीं, दफ़न करने के लिए जगह नहीं। या ख़ुदा मेरे घर वालों पर रहम करो।

आलिया का फ़ोन आया था। उसने बताया भाईजान आपके बचपन के दोस्त शाकिर को कोरोना हो गया था। पुलिसवालों की गाड़ी अस्पताल ले गई थी वहीं से ख़बर आई नहीं रहे। घर वालों को लाश तक देखने नहीं दी गई। सीधे कब्रिस्तान ले जाकर दफ़ना दिया गया। बचपन से लेकर जवानी तक साथ बिताए दिन नज़रों में घूम गए। आँसू बहाने के अलावा कुछ नहीं बचा था।

आलिया मुझे तेरह मई की फ्लाइट की टिकट मिल गई है। बस दस दिन की बात और है। मैं कल ऑफ़िस में जाकर छुट्टी ले लेता हूँ।

सुहेल के आश्चर्य का ठिकाना न रहा जब बॉस ने कहा - दो महीने की छुट्टी हम इस समय कैसे दे सकते हैं। देख रहे हैं दुनियाँ के हालात इस समय कितने ख़राब चल रहे हैं। इस समय कोई दूसरा स्टाफ भी जल्दी नहीं मिलेगा।

सर इंडिया की गाइड लाइन के अकार्डिंग मुझे 14 दिन तो पहले क्वारन्टीन में रहना पड़ेगा।

तब मैं आपको बीस दिन की छुट्टी दे सकता हूँ

सर बीस दिन में क्या होगा । मेरी माँ की हालत बहुत ख़राब है । उन्हें लिवर सिरोसिस की बीमारी है । वैसे मैं पिछले छह वर्ष से घर नहीं गया । लगातार मैंने कम्पनी में मेहनत से दिन रात काम किया है ।

सॉरी मिस्टर । इस समय हालात ऐसे हैं कि हम दो महीने की छुट्टी नहीं दे सकते । केवल 20 दिन की ही छुट्टी दे सकते हैं ।

सर ! मेरी माँ पल पल मेरा इंतज़ार कर रही हैं । मैं उन्हें बीमार छोड़कर नहीं आ सकता ।

सॉरी मिस्टर सुहेल ।............ सर ! फिर मैं यह नौकरी छोड़ रहा हूँ। .... ओ के .... ऐज यू विश

सुहेल ने अपना बोरिया बिस्तर समेट लिया । दोहा एयरपोर्ट पर जैसी मारामारी उसने देखी वैसी पहले कभी नहीं देखी पर सुकून था कि बस कुछ ही घंटों में इंडिया पहुँच जाऊँगा । दिल्ली पहुँचते ही सरकार की गाइड लाइन के हिसाब से उसे पास के होटल में क्वारन्टीन में रहना पड़ा जिसका पेमेन्ट सुहेल को ही करना था । होटल का खर्चा बहुत था पर सुहेल क्या कर सकता था । होटल के बन्द कमरे में टी वी लगा था जिस पर वह समाचार देख सकता था जिन्हें देख कर उसे दहशत होती थी । दिन में कितनी बार वह रोया गिनती याद नहीं । मात्र तीन घंटे का उसके घर धामपुर का रास्ता है जहाँ उसकी बीमार माँ उसका इंतज़ार कर रही है ।

आलिया का फ़ोन आया । भाईजान जब से आप इंडिया आए हैं अम्मी की हालत में पहले से काफ़ी सुधार आ गया है । कह रहीं थीं अब मेरा सुहेल आ गया है मेरे साथ रहेगा । अब मैं ठीक हो जाऊँगी ।

आशा की किरण जाग जाती । हर समय समाचार , सरकारी गाइडलाइन्स पर सुहेल की नज़र लगी रहती । बिना किसी गुनाह के ऐसी सज़ा । किसी क़ैदी का सा जीवन । उसे लगता वास्तव में यह माँ को दुःख देने की सज़ा है । कितना दुःखी थीं वह मेरे लिए पर मुझे काम से फ़ुरसत कहाँ थी ? पैसा जो बहुत सारा कमाना था । आज उस पैसे का क्या अंजाम हो रहा है ।

एक एक करके बड़ी मुश्किल से आठ दिन बीते । तभी सरकार ने नई रिवाइज़्ड गाइड लाइन जारी कर दीं जिसमें 14 दिन के क्वारन्टीन पीरियड को विदेश यात्रा करके आए हुए यात्रियों को 7 दिन इंस्टीट्यूशनल क्वारन्टीन में निजी खर्चे पर पेमेन्ट देकर रहना था जिसके लिए विभिन्न होटलों में व्यवस्था की गई थी । दूसरे सात दिन स्वयं अपने स्वास्थ्य की मॉनीटरिंग रखते हुए होम आइसालेशन में रह सकते थे ।

इसके अलावा सरकार ने 14 दिन होम क्वारन्टीन की व्यवस्था भी उन लोगों के लिए कर दी जहाँ किसी प्रकार का ह्यूमन डिस्टैस ,प्रैगनैन्सी , परिवार में किसी की मृत्यु तथा 10 वर्ष से कम के बच्चे साथ हों तथा माँ बाप बहुत बीमार हों ।

सुहेल ने एस डी एम ऑफिस के संबंधित अधिकारियों को न्यूज़ अपडेट भी मेल किए और कहा कि सर मैं हर प्रकार के प्रीकॉशन का पालन करूँगा । मुझे घर जाने की परमीशन दी जाए । माँ बहुत बीमार हैं । अस्पताल में भर्ती हैं । आप चाहें तो मेरा टैस्ट भी करा सकते हैं । उन्होंने कहा इसके लिए स्पेशल परमीशन की ज़रूरत पड़ेगी । वह उच्च अधिकारियों से बात कर रहे हैं ।

इसी तरह चार दिन और बीत गए । जब फ़ोन की घंटी बजती या कोई मैसेज आता उसका दिल कहता अब परमीशन मिल गई होगी । मुझे घर जाने दिया जाएगा । कैसी विडम्बना थी कि अपने देश में आकर भी अपनी बीमार माँ का चेहरा देखने के लिए सुहेल तरस रहा था । आलिया का फ़ोन बराबर आ रहा था । भाईजान अम्मी कुछ बोल नहीं रहीं । डॉक्टर भी कुछ जवाब नहीं दे रहे हैं । मुझे बहुत डर लग रहा है । पता नहीं क्या होगा ? आप जल्दी घर आ जाइए ।

सुहेल का दिल रोता । जेल से भी बेल मिल जाती है पर यहाँ तो जेल से भी बदतर हालात हो रहे हैं । ऐसे दिन आएगें कि अपनों की सूरत तक देखने को तरस जाएगें । माँ से कहकर गया था कि बस पाँच घंटे का रास्ता है । अब यह रास्ता जीवन भर का हो गया है ।

वक्त कभी रूकता नहीं । सुख हो या दुःख । युगों युगों से यह अपनी रफ़्तार से काम कर रहा है । किसी तरह तेरह दिन बीत चुके थे । सुहेल

को इंतज़ार था किसी तरह रात कटे । वह दौड़कर अपनी अम्मी के गले लिपट जाए । उनसे कहेगा अब मैं कभी वापस नहीं जाऊँगा । देखो मैंने वहाँ की नौकरी भी छोड़ दी है ।

रात के ग्यारह बजे फ़ोन की घंटी बजी । रोते रोते आलिया ने बताया अम्मी ख़तम हो गईं । यहाँ बीस लोगों से ज़्यादा जनाज़े में जाने तक की परमीशन नहीं है । मैंने मोबाइल से सबको मैसेज कर दिया है । भाईजान आप कब आएगें ?

सुहेल ने फिर अथॉरिटीज़ को मेल भेजा । रोते रोते फ़ोन किया । सर मेरी मदर ख़तम हो गईं । कल मेरे क्वारन्टीन का आख़िरी 14 वां दिन है । मुझे उनके जनाज़े में जाने की परमीशन दी जाए । उधर से आवाज़ आई । अच्छा बताते हैं । दिन भर कितने ही फ़ोन किए । मिन्नतें कीं । पर कोई जवाब नहीं आया ।

आलिया का फ़ोन बार बार आ रहा था । भाईजान क्या करें ? आप कब आएगें ? सुहेल ने कहा आलिया तुम हॉस्पीटल वालों से कहो कि वह एक दिन अपने यहाँ मॉरचरी में रख लें । जो भी ख़र्चा होगा हम दे देगें ।

सुहेल की आख़िरी आशा भी टूट चूकी थी । सारे अरमान बिखर गए थे । जिन सामानों को कितनी ख़ुशी से पैक करके लाया था वह आज बोझ लग रहे थे । वह आँखें जिनमें उसके लिए प्यार था इंतज़ार था वह आँखें थककर हमेशा के लिए सो गईं थीं । किसी तरह सुहेल घर पहुँचा ।

अम्मी की लाश हॉस्पीटल में थी । अब उसे हॉस्पीटल वालों से कागज़ी कार्यवाही करनी थी । लगभग एक घंटा और लगा । हॉस्पीटल वालों ने पूरी तरह से पॉलीथीन में पैक बॉडी थमा दी यह कहकर की आप बॉडी घर नहीं ले जा सकते । इस समय कोरोना वायरस फैला हुआ है । सुहेल ने रोते हुए लाश का बैग देखा । मामू ,आलिया और दो तीन रिश्तेदार वहाँ पहुँच चुके थे । सुहेल के आँसू नहीं थम रहे थे । रोते रोते कहा अम्मी को अपना चेहरा नहीं दिखा सका पर मैं तो आख़िरी बार अम्मी का चेहरा देख लूँ ।

डॉक्टर ने कहा यस मिस्टर सुहेल हम आपको चेहरा दिखवा देते हैं ।

पर यह क्या ? जैसे ही पॉलीथीन हटाकर चेहरा दिखाया सुहेल चीख़ पड़ा । नहीं यह मेरी अम्मी नहीं हैं । यह मेरी अम्मी की लाश नहीं ।

फिर यह कौन हैं ? हॉस्पीटल में हंगामा मच गया । लाश रखने वाले को बुलाया गया । सारे रिकॉर्ड खंगाले गए । पता चला उस दिन दो लाशें मॉरचरी में रखवाईं गईं थीं । दोनों की उम्र 65 वर्ष । एक का नाम शान्ति देवी , एक का नाम नूरजहाँ ।

हॉस्पीटल के स्टाफ ने कहा सर हो सकता है गलती से शान्ति देवी की जगह नूरजहाँ की लाश चली गई हो । कल की बात है चलकर पता कर लेते हैं ।

पुलिस ,पब्लिक ,मीडिया ,हंगामा । सुहेल ने जीवन में कभी ऐसा सोचा न था । शान्ति देवी के घर पहुँचे । घर वालों ने बताया कि कल हमने उनका दाह संस्कार कर दिया था । आज हम लोग उनकी आत्मा की शान्ति के लिए हवन कर रहे हैं ।

मगर वह शान्ति देवी नहीं थी । आप हॉस्पीटल चलिए वहाँ जो लाश रखी है उसे पहचानिए । लाश सचमुच शान्ति देवी की थी । घर वालों ने शान्ति देवी की जगह नूरजहाँ का दाह संस्कार कर दिया था ।

अब क्या हो ? हंगामा मच गया । जीते जी सुख न दे सका मरने पर जनाज़े को कन्धा भी न दे पाया। सुहेल की समझ में नहीं आ रहा था क्या करें?

मौलाना साहब आ गए थे । लोगों में चर्चा हुई जब तक सुपुर्द ए ख़ाक न किया जाए जन्नत नसीब नहीं होगी । अब कैसे हो ? जिस्म तो रहा नहीं । अंत में तय हुआ कि जहाँ लाश जलाई गई थी उसी ख़ाक को इकट्ठा करके दफ़ना दिया जाए ।

अम्मी सुपुर्द ए ख़ाक हो रही थीं । सुहेल के आँसू भी सुपुर्द ए ख़ाक हो गए थे । अब उन्हें पोंछने वाला कोई नहीं था । मीडिया इकट्ठा था ,प्रैस वालों की भीड़ जुटी थी । सारा वाक़या बयान कर रहा था । न्यूज रिपोर्टर कह रहा था हम कोरोना वायरस के साथ जीना सीख जाएगें पर इससे जो हमारे दिलों में बने हैं वह कभी भर नहीं पाएगें ।

....

5

अम्माजी का मोबाइल

ट्रिन-ट्रिन, ट्रिन-ट्रिन टेलीफोन की घंटी बजी, अम्माजी ने टेलीफोन की तरफ देखा, रिंकू दौड कर आया, रिसीवर उठा लिया, शुरू हो गया हाँ-हाँ बोलो कैसा रहा कल का मैच, कौन-कौन जीता,......अच्छा हाँ-हाँ................मम्मी ने नहीं जाने दिया......बातें करता रहा। अम्मा जी सुनती रहीं। कैसे मजे से बातें कर रहा है। जब पहले दिन फोन लगवाया था तभी रवि ने कहा, अम्मा लो कर लो बात, अब तुम्हें परेशान होने की जरूरत नहीं। जिस बिटिया से चाहो उससे बैठी-बैठी बातें कर लिया करो। फोन पर आवाज़ कैसी मीठी लगी थी जब रिसीवर में उन्हें छुटकी की आवाज़ सुनाई पड़ी थी। लगा जैसे सामने ही बैठी हो। कितनी साफ़ साफ़ आवाज़ सुनाई दे रही थी। बातें करके बिल्कुल ऐसा लगा जैसे आमने सामने बातें हो रही हो बस बोलने वाला नहीं दिखाई देता, मगर कोई बात नहीं.........सुनाई तो देता है.....................।

उसके बाद बस अम्मा जी को हर समय लगता कब छुटकी का फोन आए कब छुटकी अम्मा से बातें करें.................हाँ अब तो वह अपनी बहन हेमा और कन्नो से भी बातें कर सकती हैं।

कई दिन बीत गए, घर में सबका फोन आया, बस उन्हीं का नहीं आया.......... हर बार जब घंटी बजती अम्मा जी अपने कमरे से निकलकर फोन तक आती मगर उनसे पहले ही रिंकू, जगन या रवि या रम्मो कोई न कोई पहुँच जाते, इधर की आवाज़ तो सुनाई पड़ती, उधर

की आवाज़ तो सुनाई पड़ती नहीं, उधर वाला क्या कह रहा है यह अम्मा जी को पता ही नहीं चल पाता था..............

जब घंटी बजती उन्हें लगता जरूर छुटकी या हेमा या विद्या जीजी किसी का होगा मगर सब लोग कहते अरे अम्मा जी आप क्यों परेशान हो रही हैं जब आपका फोन होगा बता देगें। बेचारी अम्मा मन मार के बैठ जातीं। हफ्तेमें कभी छुटकी का फोन आता जब तब उन्हें आवाज़ लगाई जाती और वह पहुँचती, फोन कट जाता, मुश्किल से ही कभी बात हो पाती।

एक दिन ज्योति ने कहा अम्मा जी यह देखो अब मोबाइल आ गया है, जहाँ मर्जी हो लेके चले जाओ, चाहे किसी से बात कर लो अब बार-बार फोन तक जाने की जरूरत नहीं। अब और अच्छा जिसे देखो, मोबाइल कान मे लगाए बैठा है। बहु रानी खाना बना रही हैं, मोबाइल कान में लगाए अपनी अम्मा से बतिया रही हैं। अम्मा जी को गुस्सा आता। सबके फोन आते हैं सब बातें करते रहते हैं, एक उन्हीं के पास नहीं है। बस ठान लिया,कुछ भी हो रवि से कहूँगी, 'मुझे भी एक मोबाइल दिला दो'। किसी से मांगने की क्या जरूरत। उन्हें भी तो पंशन मिलती है। क्या वह इतनी सी चीज़ नहीं मंगवां सकती। बस अम्मा जी का मोबाइल आ गया। अब ठीक है, न उठने का झमेला न रात विरात की परेशानी। जब मन करेगा छुटकी,बड़की से बातें करूँगी। तभी रवि ने फोन मिलाया, रवि भैया! यह नया नंबर है..........नहीं मेरा नहीं है, अम्मा का है........यह अब उन्हीं के पास रहेगा। अच्छा, फिर ठीक है अम्मा जब तुम्हारा मन करे, तुम बात कर लेना..........अम्मा बड़ी खुश हुईं। दो-चार बार तो फोन आया जैसे ही घंटी बजे अम्मा लपक के उठाएं। खटिया पर ही रखा लिया था पर बड़ी मुसीबत, इतना छोटा कभी गलत बटन दब जाए आवाज ही आना बंद, फिर वही मुसीबत। हर घंटी कई बार कट कट जाए पर बात न हो। कई बार ऐसा भी हो घंटी बजे, अम्मा सोंचे जरूर छुटकी-बड़की में से कोई होगी पर बटन दबाते ही उधर से आवाज़ आई............माई नेम इस शीला, शीला की जवानी........नये गानों के लिए स्टार और जय रघुनंदन...जय सियाराम.............भजन सुनने के लिए बटन दबाइए और जाने क्या-क्या.............

चौन से अम्मा सो ना पाएं कि फिर घंटी बजी, फिर वही मुसीबत............मोबाइल अम्मा जी की मुसीबत बन गया। अब उन्होंनें उठाना ही बन्द कर दिया...........

सबका फोन आया, अम्मा क्या फायदा आपको फोन करने का आप तो उठाती ही नहीं हैं, अम्मा बोलीं, अब क्या करें वह जाने क्या बोलता रहता है। हम सोचते हैं ऐसा ही कुछ होगा, हमें क्या पता कि तुम थीं।

अम्मा ने सोचा यह मोबाइल ठीक नहीं मगर दूसरों के मोबाइल मं तो ऐसा नहीं। अबकी बार धीरू से कहूँगी। तुम मुझे एक अच्छा सा मोबाइल ला, यह ठीक नहीं। नया मोबाइल आ गया, धीरू ने कहा, 'अम्मा अबकी बार ऐसी कम्पनी का है इसमें यह फालतू की बातें नहीं बजेंगी। तुम नम्बर भा आसानी से मिला सकोगी।'

छुटकी आई हुई थी। उसने अम्मा से कहा, 'अम्मा हम तुम्हें सिखाते हैं कैसे नम्बर मिलाते हैं। तुम्हें वन, टू तो आता है............तुम पढ़ भी सकती हो............बस नम्बर मिलाओ बटन दबा दो, अपने आप जब घंटी बजे, बात कर लेना............मैंने भी एक नया नम्बर लिया है..........याद करना भी आसान है........1001001001, बस तीन बार सौ-सौ फिर 1 मिलाना तुम्हें जो कहना हो कहना यह मोबाइल हर समय मेरे पास ही रहता है।

छुटकी चली गई,वही अम्मा की लाड़ली। सोचो आदमी का मन करता है किसी से अपने मन की कहे। ज्योति अच्छी है, घ्यान रखती है पर कुछ भी हो बहू बहू होती है बेटी बेटी। छुटकी सिखा भी गई थी अपने सामने बैठकर बातें भी की थीं।

दोपहर का समय था, सब लोग गए थे। रवि दफ्तर, जगन स्कूल, ज्योति मायके चली गई थी, अम्मा जी अकेली थी सोचा अच्छा मौका है, छुटकी से बातें करेंगें चलो नम्बर मिलाएं। छुटकी ने बताया था, सौ-सौ-सौ-तीन बार फिर एक।

वन जीरो-जीरो बटन दबा दिया। घंटी बजी उधर से आवाज़ आई हैलो कौन बोल रहा है.................अम्मा जी ने सोचा..........यह क्या छुटकी आवाज़ तो नहीं............. हो सकता है फोन शिखर ने उठाया हो.............कुछ बोलतीं जाने कौन सा बटन दब गया, फोन कट

गया..............

फिर हिम्मत करके फोन मिलाया सौ.........बोली बेंटी मैं अम्मा............हाँ..........कंट्रोल रूम में इन्सपैक्टर गौतम ने फोन उठाया,कोई आवाज़ नहीं बस बेटा...... सुनाई दिया.........दूसरी बार फिर वहीं............उनका माथा ठनका, कल ही कोतवाल साहब आए थे, बड़ी फटकार लगी थी। पता नहीं तुम सब सोते रहते हो। आजकल तुम्हारे इलाके में तीन-तीन बार लूट की घटनाएं हुई हर बार बूढों को निशाना बनाया गया। मिनिस्ट्री इस बात को लेकर बहुत सीरियस है। अगर अब कोई घटना घटी तो सस्पैंन्ड कर दूँगा। तुरन्त उनकी छठी इन्द्रिय ने सक्रिय किया, 'शायद कोई बूढ़ा मद्द के लिए कहना चाहता है पर फोन पर बार-बार कट जाता है।..............

तुरन्त सब इन्सपैक्टर गेंदा सिंह को बुलाया............देखो जल्दी पता लगाओ,यह घंटी कहाँ से बज रही है। इस मोबाइल को टेस करो।

थोड़ी ही देर में गेंदा सिंह ने बताया.............'सर! यह नम्बर हाल ही में लिया गया है। थाने के पास ही के घर का एडैस है।' आप कहें तो जाकर पता करूँ.......... हाँ, हाँ जल्दी करो..........फिर कहीं कोई वारदात न हो जाए...............। दरवाजे की घंटी बजी। अम्मा जी ने दरवाजा खोला!, देखा चार सिपाही पुलिस के साथ में एक आदमी हाथ में बड़ा सा कैमरा उठाए..........उन्हें तो समझ में ही नहीं आया क्या हुआ............. गेंदा सिंह ने कहा आपने फोन मिलाया, बताइए क्या परेशानी है,इधर उधर देखा... घर में कोई है.....................नहीं सर! बेचारी यही बुढ़िया अकेली है...............हाँ.........क्या हुआ आप क्या परेशानी है............अम्मा तो रोने लगीं.................कैमरे वाला बोला, आप चिन्ता न करें.............अब आप को कोई तकलीफ नहीं होगी, इन्सपैक्टर से बोला, बताइए क्या आदमी इसी दिन के लिए औलाद को बड़ा करता है..............घर तो ठाट बाट से है.........अरे ये बड़े आदमी बड़े दुष्ट होते हैं, माँ-बाप की कद्र ही नही करते। पिछले वाले केस मे देखा नहीं था दो-दो लड़के डाक्टर बेचारा बाप भीख मांग कर गुजारा करता था..........हाँ माँजी बताइए क्या परेशानी है,.बताइए, कौन आप को परेशान करता है। अम्मा रोने लगीं..............

छुटकी ने उसी समय टी०वी० खोली ही थी। रिमोट से चौनल बदले कि देखा अम्मा टी०वी० पर, अरे यह क्या हुआ.....................भैया को फोन मिलाया। भैया जरा देखो ये क्या हुआ अम्मा को जल्दी चलो उधर कैमरा मैन कह रहा था देखिए................क्या जमाना आ गया है,......... देखिए कैसा आलीशान घर है, सब है, बेचारी बूढ़ी माँ...........हाँ-हाँ अम्मा जी बताइए क्या-क्या परेशानी है आपको, बताइए.........,फिर यह बोला, यह बेचारी दुःख और संकोच से कह नहीं पा रही है, आज इनकी सब्र का बांध टूट गया और इसीलिए इन्होंने 100 नं० डायल करके पुलिस में सूचना देनी चाही.......अम्मा रोने लगीं...............

अरे...........मुझे क्या हुआ,....................... अम्मा परेशान, घर के लोग शर्मिन्दा..... अम्मा ने कहा वो तो मुझे छुटकी से बात करनी थी, न जाने कौन सा नम्बर मिल गया...............

अरे अम्मा आप भी............

6

अन्नदाता

हाँ, अबकी बार हमारी फसल बहुत अच्छी है । देखना अपनी बिटिया का ब्याह कैसी धूमधाम से करूँगा । समधी जी कह रहे थे कि हमारी बिरादरी में कुछ ज्यादा जान पहचान है कुछ बड़े बड़े लोग भी आयंग़े तो रूकने का इंतजाम भी ठीकठाक करा देना ।मैंने हेडमास्टर साहब से बात कर ली है । उन्हांने कहा है वैसे तो अब स्कूलों में बरात रूकाने की मनाही हो गयी है मगर अब तुम हमारे हर सुख दुख में काम आते हो सुखिया तो मैं मैनेजर साहब से तम्हारे लिये बात कर लूंगा। किवाड़ के पीछे खडी झुनिया का दिल जोर जोर से धड़कने लगा । अपने ब्याह की बात सुनकर उसे बडी खुशी होती है। बापू तो उसे सबसे ज्यादा प्यार करते हैं । पिछली होली पर उसने पायल मांगी थी बापू ने उसे लाकर दी थी। वही पायल पहन कर सारे घर में छमछम करती डोलती है। पायल के घुंघुरूओं की आवाज में खुद को किसी सिनेमा की हीरोइन से कम नहीं समझती।

सुखिया के चेहरे से चिंता की लकीरें कभी कम नहीं होतीं । जब से उसने होश संभाला केवल रोटी की चिन्ता ही जानी है । बचपन में अपनी अम्मा बापू को फटेहाल देखा। ब्याह कर आई जवानी कब निकल गयी पता ही नहीं चला । अब बिटिया के हाथ पीले करने की चिन्ता खाये जाती है। लड़केसे तो कोई सहारा नहीं। उन्हें अपनी अपनी बहुआं से फुरसत नहीं। वह भला क्या देंगे । झुनिया की शादी की बात सुनते ही बड़ी बहू छोटी बहू दोनां अपना रोना पहले ही शुरू कर देती हैं । मगर वह तो माँ है

डुनिया को तो उसने आठवें तक पढ़ा भी दिया है। किसी तरह उसका घर बस जाये फिर वह गंगा नहाये। लड़का तो ठीक ही ढूंढा है बस दहेज की चिन्ता है ।

बीज , खाद के लिये तो बैंक से कर्जा मिल गया था पर मैनेजर ने कहा था कि अगर समय से नहीं चुकाया तो घर की कुर्की कर लूंगा। पिछली बार हरीशंकर दद्दा ने ट्रैक्टर के लिये कर्जा लिया था बेचारे नहीं चुका पाये कितनी बेइज्जती हुई थी। बैंक मैनेजर पुलिस को लेकर आया था । तीन दिन तक भूखे प्यासे गन्ने के खेत में छुपे रहे थे । वह तो रमिया का ही कलेजा था किसी तरह हवा पानी के बहाने छुपा के रोटी पहुँचा देती थी । उसकी बीबी का तो रो रोकर बुरा हाल था । हे प्रभु ! रक्षा करना किसी तरह फसल कट कर घर आ जाये । झुनिया का भाग्य अच्छा है कि अबकी बार ऐसी अच्छी फसल हुई कि भगवान चाहा तो उसके सारे दरिद्र दूर हो जायेंगे ।

किसान की भी कैसी ज़िन्दगी है हर घड़ी भाग्य दाँव पर लगा रहता है। सब कुछ भगवान भरोसे । जब तक फसल कट कर घर ना आ जाये तब तक सौ आफत । बादल देखकर उसका दिल ही बैठता है । दुश्मन भी क्या कम होते हैं। आंधी में कितनी बार खेत के खेत स्वाहा हो जाते हैं । रात दिन एक करके बेटों बहुओं ने यह दिन दिखाया है। हे भोले नाथ ! हे भीमावाली माई ! तुम्हारा परसाद चढ़ाउँगी मेरी फसल की रक्षा करना । सौ सौ मनौती मनाती रमिया दिन रात यही जप रही थी उसके लिये एक एक दिन पहाड़ सा था । वैसे इन्हांने गहाई के लिए संतोषी दद्दा से मशीन का इंतजाम कर लिया है। उन्होंने भी हामी भर ली है। कह भी दिया था भैया तुम फिकर ना करो । झुनिया तुम्हारी ही बिटिया नहीं है हमारी भी कुछ लगती है पर रमिया को चैन नहीं है ।

अभी चार दिन पहले ही गेहूँ के पूले तैयार किए हैं । बादल सिर पर हैं , ओसारे में घुसते ही सुखिया ने कहा अब क्या करेंगे कहीं बरस गये तो सारी फसल बरबाद हो जायेगी। आधे गेहूँ तो अभी पके भी नहीं है । बस बालियाँ निकली हैं । आसमान में बादल न जाने कहाँ से पुरे जा रहे थे । ऐसी अंधेरी झुकी कि सावन में भी न झुकी होगी। देखते ही देखते बरसात शुरू हो गयी सुखिया की आँखों में आँसू आ गए । उसे लग रहा था

बरसात आसमान से नहीं हो रही बल्कि उसकी आँखों से हो रही है । दो घंटे की बरसात और फिर तड़ तड़ तड़ तड़ जैसे पत्थर पड़ने लगे। बाहर निकल कर देखा तो आधा आँगन ओले से पट चुका था । रमिया ने रोना शुरू कर दिया। झुनिया एक कोने में खड़ी थी यह ओले खेत में नहीं उसके अरमानों पर पड़ रहे थे। अब बापू पैसे कहाँ से लायेंगे कैसे ब्याह होगा।

दो घंटे तक लगातार बारिश होती रही । साथ में ओले भी पड़ते रहे । दो घंटे बाद बरसात तो रूक गई मगर गाँव भर के घरों में कोहराम मच गया । सभी के चेहरे उदास , सभी लाचार । ये भगवान भी न जाने क्यों हमीं से नाराज रहते हैं। सारी जिन्दगी खेतों में कट जाती है। न दिन को चैन न रात को नींद और जब फसल का नम्बर आता हैं तो ये आफत आसमान से बरस जाती है। किसान का जीवन ही बरबाद है। इसीलिये आज कोर्इ गाँव में नहीं रहना चाहता । वैसे एक और भी मुसीबत है । जब फसल अच्छी हो तो वैसे ही बाजार पट जाता है। ग्राहक नहीं मिलते । कभी कभी तो लागत भी वसूल नहीं होती। किसान बेचारा क्या करे ? कहाँ जाए ? यही सोचकर सुखिया कच्ची पक्की गलियों से गुजर कर खेत के किनारे पहुँचा। वहाँ पहँच कर उसने जो दुर्दशा देखी तो उसका दिल बैठ गया।

कल तक गेहूँ की बालियाँ जो लहलहा रहीं थीं वो खेतों में बिछी पडी थीं। गेहूँ का लाक भी ठीक से नहीं पका था गेहूँ तो क्या भूसा भी नहीं निकलेगा। अगर गीले गेहूँ की बालियाँ रह जाती हैं तो मशीन में वैसे भी ठीक से कटाई नहीं हो पाती । बार बार चिंगारी निकलने लगती है । थ्रैसर मशीन रोकनी पड़ती है। अब क्या होगा। कितने अरमान थे। सुखिया को लगा वह चक्कर खाकर गिर जाएगा। अगल -बगल हेमराज ,अनोखे , समल्ले , रामनरायन लगभग सभी के खेतों का यही हाल था कहाँ से चुकेगा बैंक का कर्ज़ ? कहाँ से होगा झुनिया का ब्याह ? बस महीना भर ब्याह को रह गया है कोई आस भी नहीं बची।

उदास थके कदमों ने सुखिया के घर का रास्ता और लम्बा कर दिया । एक-एक कदम मन भर का लग रहा था।

राम-राम काका। सरजू की आवाज सुनी।

राम-राम ।

काका खेतों से आ रहे हो ?

हाँ भैया ! काहे का खेत ? सब कुछ तो चौपट हो गया। हमें तो मरने का ठिकाना भी नहीं बचा।

क्यों ? काहे जी छोटा करते हो ? तुम्हारी ही फसल थोड़े ही बरबाद हुई है । सभी का तो यही हाल है।

होगा । मगर मेरी तो किस्मत फूटी है बिटिया का ब्याह है फूटी कौड़ी पास नहीं।

सुना है सरकार किसानो की मदद करेगी।

आज तक सरकार ने कभी मदद की है जो आज करेगी। हमसे तो बस बोट के लिए ही मिलने आते हैं। फिर चाहे नेता हों या प्रधान जी । कभी शकल नहीं दिखाते।

पर अबकी रोज टेलीविजन में दिखाया जा रहा है। सरकार की बड़ी बदनामी हो रही है। सरकार कहती है वह किसानों के लिए काम करेगी।

कब काम करेगी इससे ज़्यादा किसानों की हालत क्या खराब होगी ?

दो दिन पहले ही रम्पुरा के अँगनू ने फांसी लगा ली।

मगर क्यों?

क्या करता? भूखे प्यासे बच्चे खाने को दाना नहीं । रोज-रोज की हाय-हाय।

मगर इससे क्या बच्चों को खाना मिल जाएगा ?

अरे सुना है सरकार ने उसके बच्चों को पाँच लाख रूपया देने की बात कही है। पड़ोस के गाँव में बहुत सारे अखवार वाले कैमरा ले-लेकर आए थे। मुखिया जी कह रहे थे कोई परेशान न हो जिसका जितना नुकसान हुआ है उसको उसी के हिसाब से मुआवजा दिया जाएगा।

मगर नुकसान का हिसाब लिखेगा कौन ?

खुद मुखिया जी बताऐगें।

मगर मुखिया जी ही ठीक होते तो क्या गाँव की ऐसी बुरी हालत होती ?

हम तो बस सुनते ही हैं कि सरकार मजदूरों को काम देगी बच्चों को फीस नहीं देनी पड़ेगी । फीस किताबें सब मुफ्त होंगी पर दिखता तो कुछ नहीं। मुखिया जी को हर साल दस लाख मिलते हैं पर गाँव तो वैसा

का वैसा ही है। प्रधान जी बिना किसी कमीशन के कोई काम कराते हैं। यमुना की बूढ़ी मौसी को 300 रूपया विधवा पेंशन दिलाने के लिए भी तो 1000 रूपया पहले धरा लिए थे तब कागज पर दस्तखत करे थे।

मगर अबकी जाँच करके किया जाएगा । भैया तुम परेशान न हो । तुम्हारी फसल पर ओले पड़े हैं पर सरकार है न ।

सुखिया ने मन मारकर हामी भरी । घर जाकर रमिया के चेहरे की तरफ देखकर खुद उसकी रूलाई छूट गई। झुनिया की अम्मा तू परेशान न हो भगवान ने हमारी फसल बरबाद की है पर सरकार हमारी मदद जरूर करेगी ।

टूटे छप्पर से वैसे ही पानी टपकता था अब ओले पड़ने से उसकी हालत और जर्जर हो गई बैठने तक का ठिकाना नहीं रहा । हर दुख के इलाज के लिए एक फसल का ही सहारा था वह भी चौपट हो गई। सुखिया थका हारा वहीं पसर गया उसकी रूलाई फूट रही थी। सरजू कह रहा था रम्पुरा के अँगनू ने फांसी लगा ली। अब सरकार उसके बच्चों को पाँच लाख रूपया देने की बात कह रही है। मुझे तो बस यही एक रास्ता बचा है। रमिया को लगा क्या अब जीवन में यह भी दिन देखने को बचा है।

कभी कोई सुख के दिन तो आए नहीं । नोन तेल लकड़ी में ही सारी उमर बीत गई। न कोई सिंगार न पटार। हाँ सुहाग की एक बिन्दी माथे पर लगा लेती थी क्या ईश्वर वह भी छीन लेगा। यह इन्हें क्या हो गया है ? कैसी बातें कर रहे हैं ? फिर जैसे खुद से ही बोली ऐसा क्यों सोचते हो ? आदमी बड़े-बड़े दुख सह लेता है। कितने अपने बिछड़ जाते हैं। कितनी मेहनत से जुटाई गृहस्थी उजड़ जाती है , फिर भी न जाने कौन सी शक्ति है जो मन के किसी कोने में छिपी रहती है और जीवन उसी के सहारे चलता रहता है। सुखिया का भी यही हाल था।

सवेरा हुआ भी नहीं था कि रमिया जोर -जोर से चिल्लाने लगी।

अरे उठो ! देखो तो सही सारा गाँव इकट्ठा हो गया है। पल्टुवा की लाश उसके बगल वाले खेत में मिली है। राम जाने क्या हो गया । वैसे मरा रोज ही दारू पी के दंगा करता था। बाल बच्चे बहुत ही परेशान थे । परसों भी अपनी बीबी से दारू के पैसों के लिए ही मारपीट कर रहा था। दिन -रात बेचारी मुंशियायन के घर झाड़ू बुहारू करती थी तब कहीं

मुश्किल से बच्चों की रोटी जुटती थी । यह नासपीटा जहर खाने तक के पैसे घर में नहीं रहने देता था । खेत में जाकर झांकता तक नहीं था । बेचारी बीबी ने ही जो कुछ किया धरा था। इसे दारू से फुरसत ही नहीं थी। पर जाने क्या हुआ उसकी लाश मिली है । कहीं कोई चोट के निशान भी नहीं थे। सारे गाँव के लोग इकट्ठे हो गए हैं।

सुना है अखवार वाले मंत्री जी से कह रहे थे इसने अपनी फसल बरबाद देखी इसी दqख में यह चल बसा। सुखिया ने कहा - ठीक ही रहा। वैसे भी कौन घर बच्चों की कदर करता था। दारू पी के मर गया मगर चलो इसी बहाने सरकार से मुआवजा मिल जाएगा। अच्छा हुआ मर गया रोज-रोज की हाय- हाय से पीछा छूटा। बच्चे चैन से जी तो पाएंगे।

रमिया तू बता अगर मैं मर जाऊँ तो ठीक नहीं रहेगा।

क्या ठीक रहेगा? यह तुम्हें क्या हो गया है? मैंने क्या कभी तुमसे कुछ मांगा है ? मैं दूसरों की मजूरी कर लूंगी। वैसे भी कौन सी हमारी ही फसल गई। हमें तो वैसे भी आधी ही मिलनी थी। हमारे पास तो भगवान खेत ही नहीं दिए। जनम से अभागे रहे । हमारे बाप भी दूसरों की चाकरी करते मर गए। हम भी बड़े ठाकुर की बटाई ही कर रहे हैं।

दिल को तरह-तरह की तसल्ली दी मगर घर की दुर्दशा , बैंक के कर्ज की याद आते ही उसका कलेजा मुँह को आने लगता। कैसे झुनिया का ब्याह होगा। बस 25 दिन बाकी बचे हैं । न कोई अनाज न पैसा। मुझसे तो पल्टुवा ही ठीक रहा। न जिन्दगी भर कुछ किया धरा न कुछ। दारू पी के मरा दुनिया जहान को फोटो दिखाई गई। सबने कहा बेचारा दुख में मर गया। किसानों पर अत्याचार कितना हाय तौबा हुआ ? मैं तो सोचता हूँ मैं भी मर जाऊँ तो ठीक रहूँ।

सुखिया का मन डूबा जा रहा था। क्या करूँ ? कहाँ से लाऊँगा ? चलो मुखिया जी से ही बात कर लूँ। मगर मुखिया जी तो बिना अपना कमीशन लिए काम ही नहीं करते। मैं कहाँ से दूँगा। मेरे पास तो कोई पैसे जेवर भी नहीं। रमिया कितनी इच्छा थी कि कम से कम कान में बाली ही पहन ले। मगर कभी पैसे ही नहीं जुटे। झुनिया के ब्याह के लिए एक बार जेवर बनबाने की सोची थी मगर अब कुछ नहीं हो सकता। मेरे पास तो कुछ नहीं है। यही सोचते-सोचते न जाने कब सुखिया मुखिया जी के दरवाजे

तक पहुँच गया उसे खुद पता नहीं चला । मुखिया जी ने जब खुद ही आवाज लगाई तब सुखिया को होश आया। ओ सुखिया ! का बात है ?

पांय लागूं मुखिया जी ! अब हम क्या कहें ? फिर कोई हमारा ही नुकसान तो हुआ नहीं है। गाँव भर का नुकसान है। मगर आप भी क्या कर सकते हो भगवान की ऐसी मर्जी।

अब क्या करें ?हमारे ऊपर भी तो दुनिया जहान की लिखा पढ़ी है। प्रधान जी सुनते तो अच्छा लगता है। मगर यहाँ आकर कितने पापड़ बेलने पड़ते हैं यह तो हमारा ही दिल जानता है।

वो सरजू कह रहा था कि मालिक अगर आप सरकार को बताय देओ तो हमारी भी फसल के नुकसान का मुआवजा सरकार दे देगी।

हाँ सुना तो है मगर मिलता कहाँ है? लेखपाल, वीडियो चकबन्दी कुछ काम कब करते हैं। कहते हैं हमें भी तो ऊपर पहुँचाना पड़ता है। नेता जी तक हिस्सा जाता है। बड़ी मुसीबत है। जितना दो उसी हिसाब से भरपाई मिलेगी। तीस परसेन्ट नुकसान हुआ है तो कुछ मिलेगा ही नहीं। यहाँ किसान भूखों मर रहे हैं। वहाँ कलेक्टर साहब ने रिपोर्ट भेज दी कि यहाँ कुछ ज्यादा नुकसान नहीं हुआ। वो तो भला हो टी वी वालों का डी.एम साहब की ऐसी खिंचाई की कि बच्चू को छठी का दूध याद आ गया । बाकी भी सुधर जाएंगे नहीं तो यह सारे अधिकारी भी कम नालायक थोड़े ही हैं। खेत देखने तक नहीं आए वहीं अपने ए.सी कमरे में बैठकर रिपोर्ट तैयार कर दी। अब बच्चू ऐसा कभी नहीं करेंगे नौकरी बचाने के लाले पड़ गए।

मगर मेरा क्या होगा मुखिया जी ! मेरे पास तो कुछ पैसा कौड़ी जेवर भी नहीं है । बिटिया का ब्याह भी करना था सोचा किसी तरह फसल से कुछ काम बन जाएगा।

मैं तुम्हारी पूरी मदद करूँगा। फसल का जितना नुकसान हुआ है उससे ज्यादा करके दिखा दूंगा मगर मेरी भी मजबूरी समझो।

रास्ते भर सुखिया हिसाब लगाता रहा। कहीं कोई कौड़ी पास तो है नहीं । रमिया के पास कोई जेवर भी नहीं है जिसे बेच के मुखिया जी को दे सकूं। कितनी मुश्किल से झुनिया के लिए पिछले साल पायल लाकर दी थी मगर वह तो मैं नहीं बेच सकता। अरे कुछ भी नहीं दे सका अपनी

लाड़ली को कम से कम पहन के जब वह चलती है तो उसकी आवाज ही सुनके खुश हो लेता हूं।

रमिया ने सुना तो रोना शुरू कर दिया। हम कहाँ से देंगे। हमारे पास तो पहले ही कुछ नहीं था,जो मिलने वाला था उसे भी भगवान ने छीन लिया। झुनिया ने सुना तो कह दिया अम्मा काहे परेशान होती है। अरे तुम और बापू ठीक रहो तो फिर हमें पायल दिला देना। अभी जाकर बेच दो पायल से कुछ पैसे तो मिल ही जाएगें। मुखिया जी चाहेंगे तो हमारी फसल का मुआवजा हमें जरूर दिलवा देंगे।

दुःखी मन से सुखिया ने पायल बेची। मुखिया जी से कहा - सब कुल सात सौ रूपए जुड़ पाए हैं। मुखिया जी इन्हें जिसको देना है देकर हमारा मुआवजा दिलवा दो आपकी बड़ी मेहरबानी होगी।

सुखिया के लिए एक एक दिन काटना मुश्किल हो रहा था।

चार दिन बाद ही मुखिया जी ने कह दिया मुआवजा तो मिल जाएगा मगर वह तुम्हारे नाम नहीं होगा न तुम्हंsss मिल पाएगा। तुम तो खुद बटाई पर काम करते हो। तुम खेत के मालिक कहाँ हो? मुआवजा तो मालिक को ही मिल पाएगा।

सुखिया की रही सही कमर भी टूट गई। अब क्या करूँ ? हर तरफ गुहार लगा के थक गया। अब मेरे पास कोई चारा नहीं बचा है। मुझसे तो पल्टुवा ही अच्छा था। मेरा तो कोई नहीं। भगवान के घर भी जाऊँ तो भी मुझे बटाई की जिन्दगी ही मिलेगी।

अगले दिन गाँव में फिर भीड़ लगी थी ,रमिया चीख-चीख कर रो रही थी सुखिया ने बटाई से मुक्ति पाई थी। पत्रकारों और टी.वी वालों की भीड़ लगी थी। टी.वी पर सेमीनार चल रही थी ,मंत्री जी मुआवजे के बंटवारे के आंकड़े गिना रहे थे। इन्टरव्यू दिखाए जा रहे थे।

किसान अन्नदाता फिर आत्महत्या क्यों?

7

अंततः

अचानक मेरे परिचित के एक रिश्तेदार हमारे यहाँ आये और कहने लगे कि उनका एक लड़का बेरोजगार है। थोड़े दिन और अगर नौकरी नहीं मिली तो फिर ओवर एज हो जायेगा, फिर जो नौकरी मिलने की उम्मीद है वह भी खत्म हो जायेगी। बड़ी मेहरबानी हो, यदि लड़के को कहीं नौकरी दिला दी जाये। उन्होंने बताया कि निर्माण विभाग में जगह निकली हुई है यदि कोई सिफारिश कर दे तो शायद नौकरी लग जाये। मुझे याद आया शमीम भी तो निर्माण विभाग में ही है और इतनी ऊँची पोस्ट पर है कि वह अगर चाहे तो इसका भला हो सकता है। क्या फर्क पड़ता है यदि मेरे कहने से किसी गरीब का भला हो जाये।। फिर शमीम से मिले हुये भी कितना समय हो गया है। बस उसकी शादी में ही जरा देर के लिए मुलाकात हुई थी। कानपुर से कुछ सामान भी लाना था दोनों काम हो जायेंगे यही सोचकर मैं कानपुर चल दी।

कानपुर पहुँते-पहुँते आफिस का टाइम हो गया था। सोचा अब घर जाने से क्या फायदा, आफिस में ही मुलाकात कर ली जाये। शमीम तो टाइम की पाबन्द है आफिस में ही होगी। मेरा अनुमान ठीक था। शमीम आफिस में ही थी। उस समय वह कोई फाइल देख रही थी। मुझे देखते ही बड़ी खुश हुई, 'अरे ज्योति आज रास्ता कैसे भूल गयी।'

मैंने सोचा तुम तो भूले से भी रास्ता नहीं भूलोगी चलो मैं ही भूल जाती हूँ।

नहीं ऐसी बात नहीं क्या बताऊँ काम से फुर्सत ही नहीं मिलती। यह मार्च का महीना है। फाइनेन्शियल ईयर क्लोजिंग की वजह से और भी ज़्यादा काम बढ़े हुये हैं।

मैंने देखा अब वह पहले से अधिक प्रसन्न और स्वस्थ लग रही है। पिछली बार जब मैं मिली थी तो अजीब बीमार सी लग रही थी। मैंने सोचा, शायद यह परिवर्तन शादी की वजह से हो।

घर कैसा चल रहा है ? अब तो मजे में होगी।

नहीं भाई, हमें मजे रास नहीं आते। फ़क्कड़ जो ठहरे।

क्यों, क्या हुआ ?

क्या सब ऐसे ही पूछ लोगी। कितने दिनों के बाद आज मिली हो। फुर्सत से बैठकर बातें करेंगे। मैं खुद तुमसे मिलना चाह रही थी। ऐसा करती हूँ आज छुट्टी ले लेती हूँ।

घर पहुँचकर दोनों इत्मीनान से चाय नाश्ता करके डबल बैड पर बैठ गईं।

अच्छा अब सुनाओ कैसी चल रही है।

ज्योति, तुम तो मुझे अच्छी तरह जानती हो। तुम्हें पता है न, कालेज के दिनों से ही मैं और शफी एक दूसरे को कितना चाहते थे पर डैडी ने मुझे शफी से शादी नहीं करने दी थी। कहा था कि हम लोगों का खानदान उनसे बहुत ऊँचा है हमारा उनका कोई मेल नहीं। फिर डैडी ने अपना ट्रान्सफर नैनीताल से इलाहाबाद करवा लिया था जिससे दूर रहकर मैं शफी को भूल जाऊँ। मगर मैंने भी डैडी से कह दिया था कि अगर मैं शादी करूँगी तो शफी से ही वरना जिन्दगी भर शादी नहीं करूँगी। डैडी ने मेरी बात को लड़कपन ही समझा। एक से एक अच्छे रिश्ते आये, मगर मैंने स्वीकार नहीं किया। बस पढ़ाई में ही मन लगाया। मैंने आई०ए०एस० क्वालीफाई किया और इस सर्विस में आ गयी।

हाँ यह सब मुझे पता है। सर्विस के बाद भी कितने आफ़र आये थे पर तुमने एक्सेप्ट नहीं किये।

हाँ मेरे मन में शादी के सपने सिर्फ शफी के साथ थे जो डैडी की ज़िद की वजह से पूरे नहीं हुये। किसी और का ख्याल मेरे मन में आया ही नहीं। बस ऐसे ही पन्द्रह साल गुजर गये। डैडी भी गुजर गये। मैं अकेली

रह गयी । यँ तो कोई कमी नहीं थी पर अकेलेपन का एहसास तो था। बस श़फी की यादें थी, मैं सोचती, शफी भी मेरे लिए ऐसे ही याद करते होगें जैसे मैं। अभी तीन साल पहले मैं एक सेमीनार मे गयी थी वहाँ श़फी से मुलाकात हुई। वह भी सेमीनार मं भाग लेने आये हुये थे। काफी चेंज हो गये थे। पता चला शादी हो गयी है, बच्चे भी हैं जो अच्छे स्कुलों में पढ़ रहे हैं। अपनी पत्नी की तारीफ़ करते नहीं थकते थे। उनकी किसी बात से नहीं लगा कि उनकी ज़िन्दगी में मेरे लिए कोई स्थान था। मैं कुछ थी ही नहीं। ज्योति, तुम सोच भी नहीं सकती कि मुझे कितना दुःख हुआ होगा। मुझे लगा जिसकी याद में मैंने अपनी जिन्दगी का सारा स्वर्णिम समय बिता दिया जो उसके लिए कितना अर्थहीन था। बस पूछा तुम्हारे पति कैसे हैं। मैंने कहा 'मैंने शादी नहीं की।' उन्हांsने ने कहा 'अच्छा'। फिर कुछ नहीं, जैसे यह कोई महत्वपूर्ण बात ही नहीं थी। हो भी क्यों, जिसका अपना सुखी परिवार हो वह अकेलेपन की पीड़ा का एहसास क्या करेगा?

उसके बाद शफी की जो मीठी यादें थीं वह कड़ुवाहट में बदल गयीं। आदमी इतना निष्ठुर कैसे हो जाता है। वह यह कैसे भूल जाता है कि कोई आज भी उसकी याद मेजल रहा है। ऐसे ही एक साल बीत गया। दो साल पहले हमारे आफिस में पेमेन्ट को लेकर यूनियन और एडमिनिस्टेशन में झगड़ा हुआ। यूनियन वालों ने कहा कि वह क्या समझेंगी घर को। उनके मन में दया धर्म हो ही कैसे सकता है। जिसका अपना न घर हो और न बच्चे, वह दूसरों के परिवार से जलेगा नहीं तो और क्या ।

सुनकर मुझे बड़ा गुस्सा आया। सिर्फ शादी ने करने से मुझमें कोमलता या प्यार की भावनाये नहीं रह गयीं क्या मैं इन्सान नहीं । किसी की जुबान को क्या रोक सकती थी। लगा मेरा कुआँरापन मेरे लिए अभिशाप बन गया है।

दो साल पहले मैं आगरा गई थी। एक मीटिंग थी। अलग-अलग विभागों के अधिकारी आये थे। वहीं पर सुहेल से मुलाकात हुयी थी। सुहेल को तो तुमने देखा ही है।

हाँ तुम्हारी शादी में आई तो थी।

बातों-बातों में पता चला कि सुहेल ने भी शादी नहीं की है। वह भोपाल के इंजीनियरिंग कालेज में प्रोफेसर थे। एक हफ़्ते के दौरान आगरा की काफी जगह घूमते रहे। एक दूसरे के काफी करीब आ गये। सुहेल मुझे अच्छे लगे। एक दिन सुहेल ने शादी का प्रस्ताव रखा।

'और तुमने स्वीकार कर लिया।'

हाँ मैंने सोचा देर से ही सही। मगर अब शादी कर ही लेनी चाहिए। एक महीने के अन्दर-अन्दर हमने शादी कर ली।

तुम्हारी शादी का कार्ड देखकर मुझे खुद भी हैरानी हुयी। मैंने सोचा वह इतने सालों बाद अचानक शमीम के मन में परिवर्तन कैसे हुआ। मैं तुमसे पूछना भी चाहती थी। मगर तुम शादी की रस्मों में डूबी हुई थीं। पूछने का मौका ही नहीं मिला।

शादी के बाद मैं सहारनपुर चली गयी थी। एक महीना मैं सुहेल के साथ रही थी। हम लोग कश्मीर घूमने भी गये। पहले दिन से ही जाने क्यों मुझे अजीब सा लगा। इच्छाओं को दबाते-दबाते वह शायद मर गयी थीं। सुहेल के इतने करीब होने पर भी मेरे शरीर में कोई स्पंदन न जाग्रत हो पाता। सुहेल को भी मैं शायद कुछ कोल्ड ही लगी होऊँ। नारी संसर्ग के लिए उनका यह कोई पहला अवसर तो था नहीं। इंग्लैण्ड में रहने पर कुछ लड़कियों से उनका सम्पर्क रहा था। मुझसे भी वह शायद ऐसी ही अपेक्षा रखते हों। मगर उम्र से फर्क तो पड़ ही जाता है।

मेरी उम्र भी पैतालिस वर्ष की हो चुकी थी। माँ बनने की गुंजाइश भी लगभग नहीं थी। कुछ ऐसे ही हम लोगों ने दो साल गुज़ार दिये।

मानसिक तनाव के कारण कुछ अस्वस्थ हो गयी थी। सुहेल ने कहा कि मैं सर्विस छोड़ दूँ। मैंने कहा नहीं, अभी मुझे प्रमोशन मिलने की संभावना है। इतने साल अकेले रहकर मेरा एक निजी व्यक्तित्व बन गया था जिससे किसी के साथ जल्दी एडजस्ट कर पाना मेरे लिए संभव न था।

फिर एक दिन सुहेल ने कहा कि अगर मैं चाहूँ तो तलाक ले सकती हूँ। मैंने सोचा यही ठीक है। शादी की भी एक उम्र होती है जिसमें आदमी को कुछ खोने कुछ पाने की चाह होती है। उम्र के साथ ही मन भी कोमल रहता है आदमी जल्दी एडजस्ट कर लेता है। अब यह सब मेरे बस की

बात नहीं थी। अंततः मैंने तलाक ले ली। अब मैं मजे में हूँ।

मैंने सोचा शमीम शायद ठीक ही कहती है। हम लोगों में भी कितने मतभेद थे। मगर फिर भी साथ रहे।...........शायद कुछ तन के लिए शायद कुछ मन के लिए।

8

हम कहाँ हैं

चमन अंकल को मैं पिछले बीस साल से जानती हूँ । मेरी मम्मी के घर के पड़ोस में ही रहते थे । हम लोग उस समय छोटे थे । पंजाबी क्वॉटर के नाम से यह मोहल्ला मशहूर था । मुहल्ले में बीस .पच्चीस घर बने थे । घर क्या थे ए बस एक के पीछे एक तीन कमरे लाइन से बने थे । लोग कहते थे कि रेल का डिब्बा है ।घर में पीछे छोटा सा आँगन था ।आँगन में ही एक ओर एक छोटा सा चबूतरा बनाकर उस पर टीन शेड डाल दिया गया था । वहीं चूल्हा बना था जहाँ पूरे परिवार का खाना बनता था। आँगन का एक दरवाज़ा पीछे की तरफ़ खुलता था । पीछे की तरफ़ कुछ खेत थे जिनमें मौसम के अनुसार बैंगन आलू गोभी वगैरा किसान बोते थे ।हम लोगों ने भी गेंदा ए चाँदनी ए कनेर के फूल लगा लिए थे । कभी कभी बचपन में शौकिया टमाटर भी बोए थे जिनमें छोटे .छोटे टमाटर देखकर बहुत खुशी हुई थी ।

उन सभी क्वार्टरों काएक दरवाज़ा पीछे की ओर खुलता था । वहाँ एक पतली सी गली थी । लोगों ने उसे साफ़ सुथरा कर कच्ची सड़क जैसी बना ली थी । घर से कुछ दूर पर एक छोटा सा कमरा था जिसमें शाम को सभी लोग भजन कीर्तन करते थे । हम लोगों को बड़ा मज़ा आता था । वहीं बहुत सारे लड़के लड़कियाँ इकटठा होकर देर शाम तक खेलते रहते थे । बहुत सारी जगह खाली पड़ी थी । जंगली फूलों पर पीली , काली ,भूरी चित्तीदार तितलियाँ मंडराती रहतीं थीं। होली ए दिवाली ए लोहड़ी वगैरा

सभी मिलजुलकर मनाते थे ।

हमारे घर के पड़ोस में एक लीला मौसी रहतीं थीं। काफ़ी लम्बी चौड़ी थीं । उजला दुपट्टा ओढ़तीं थीं । उनकी बूढ़ी सास थीं जो हमेशा एक खटोले पर लेटीं रहतीं थीं । उनका पूरा चेहरा झुर्रियों से भरा था ।दुबली पतली काया ए कानों में कुन्डल पहने । कुन्डल से उनके कानों के छेद काफ़ी बड़े हो गए थे । कुन्डल बिल्कुल लटके रहते थे । एक पीतल के बड़े से गिलास में लीला मौसी उन्हें चाय दे देतीं थीं वहीं बिस्तर पर पड़े .पड़े रोटी खातीं थीं । ज़्यादा चल फिर नहीं सकतीं थीं । मैंने ऐसा बूढ़ा चेहरा अपनी ड्राइंग की कापी में भी नहीं देखा । सब लोग उन्हें बेबे कहते थे । बेबे बेचारी न ठीक से सुन पातीं थीं ए न ठीक से देख पातीं थीं । मम्मी कहतीं थीं कि बेबे बिचारीं सदमे से ऐसी हो गईं थीं । उनके सामने भारत. पाकिस्तान का बंटबारा हुआ था । वह लोग किसी तरह अपनी जान बचाकर पाकिस्तान से आरहे थे कि दूसरी तरफ़ से दंगाइयों ने हमला बोल दिया । जब तक लोग संभलते तब तक उनकी आँखों के सामने उनके तीन बेटों को तलवार से काट डाला । लीला मौसी किसी तरह बच गईं । बेबे को लेकर किसी तरह जान बचाते बचाते यहाँ तक पहुँचीं । वह बड़े दुःख भरे दिन थे ।चारों तरफ़ त्राहि .त्राहि मची हुई थी । हर कोई एक दूसरे के खून का प्यासा हो रहा था । समस्या यह थी कि कोई किसी का दुश्मन नहीं था फिर भी एक दूसरे को मरने. मारने पर आमादा थे ।

इस मुहल्ले के हर घर की लगभग यही दास्तान थी । किसी ने अपना बेटा खोया किसी ने अपना पति । किसी ने अपनी बहन को अपनी आँखों के सामने बेआबरू होते देखा । किसी ने आबरू बचाने वाले को अपनी जान गँवाते देखा ।एक का दर्द दूसरे से बढ़कर था । कौन किसको सान्त्वना देता घ् मगर यह ज़िन्दगी है ए बस गुज़रती रहती है ए वक्त चाहें कैसा भी क्यों न हो । सुख हो या दुःख ।

मेरे घर से चार घर छोड़कर चमन अंकल रहते थे जिनकी पोती से मेरी दोस्ती थी ।क्या गज़ब की खूबसूरत थी । उसका नाम रूपा था पर सब लोग उसे रूपी .रूपी कहते थे । उमर होगी मुश्किल से चौदह. पन्द्रह साल । घर में केवल चमन अंकल और रूपी ही रहते थे । रूपी चमन

अंकल को दादा जी कहती थी । चमन अंकल किसी से कुछ नहीं कहते थे । बस चुपचाप बैठे शून्य में देखते रहते थे । हाँ जब कभी बंटबारे का ज़िक्र होता था तो उनका गुस्सा सातवें आसमान पर पहुँच जाता था । नेताओं के नाम से उन्हें नफ़रत थी । घर में कुछ खास सामान वगैरह भी नहीं था । किसी परचूनी की दुकान पर काम करते थे उसी से किसी तरह उनकी रोटी चल जाती थी । रहने के लिए मकान बंटबारे के पाँच .छह साल बाद मिल गया था ।मुहल्ले में केवल एक उन्हीं का घर ऐसा था जिसमें केवल एक ही कमरा बना था जो सरकार ने उस समय पाकिस्तान से आए हुए शरणार्थियों को दिया था । अगल बगल के सभी लोगों ने आगे पीछे कमरे बनबा लिए थे पर उनका घर वैसा ही था जैसा सरकार ने बनाकर दिया था ।

यूँ तो इस मुहल्ले में रहने वाले हर व्यक्ति का दुःख भरा अतीत था पर चमन अंकल के साथ कुछ अधिक ही दुःख आ पड़ा था । वह खुद कुछ नहीं कहते थे पर मैंने ही रूपी से पूछा था . रूपी तुम्हारे दादा जी ऐसे चुपचाप क्यों रहते हैं घ् कुछ बोलते क्यों नहीं घ्रूपी ने कहा . जब दादा जी पाकिस्तान से आ रहे थे तब उनके साथ एक भयंकर हादसा हो गया जिसका उन्हें गहरा सदमा लगा इसलिए वह अधिकतर खामोश ही रहते हैं ।मेरा भी मन करता है कि दादा जी मुझसे कुछ बोलें मगरवह खामोश ही रहते हैं ।वह सिर्फ़ हाँ . हूँ में ही जबाव देते हैं ।

ऐसा क्या हुआ अब लीला मौसी को ही देखो बेचारी भरी जवानी में ही विधवा हो गईं थीं फिर भी किसी तरह बेबे को पाल रहीं है। नौकरी भी करती हैं भले ही पढ़ी लिखी नहीं हैं । वह केवल आया की ही नौकरी करती हैं ।

हाँ सही है । दादाजी बताते हैं कि वह पाकिस्तान के रावलपिंडी में रहते थे । वहाँ उनका बहुत बड़ा सा घर था । मेरे पिताजी ए चाचाजी एमेरी मम्मी मेरे दो भाई एबुआ लगभग दस लोगों का हमारा परिवार था । जब बंटवारे की खबर लगी तो सबने कहा भाई जी आप चिन्ता मत करो हमारे रहते आपका कुछ नुकसान नहीं होगा । पड़ोस के जुम्मन चाचा रज्जन मियाँ और कई बड़े लोगों के साथ दादा जी का उठना बैठना था । कुछ दिनों तक तो ठीक रहा पर फिर रोज दंगों की खबरें आने लगीं

। अड़ोस .पड़ोस के हिन्दू भागकरहिन्दुस्तान आने लगे थे । दादा जी ने कहा मैं अपने पुरखों की हवेली छोड़कर कहीं नहीं जाऊँगा ।

मगर एक रात पास के कस्बे के लोगों ने झुन्ड बनाकर हमला कर दिया । किसी तरह पड़ोस के जुम्मन चाचा वगैरा ने हम लोगों की जान बचाई । आखिर वे कितने दिन तक हमारी रक्षा कर सकते थे । खुद ही कहने लगे भाईजान हमारे रहते कोई आपका बाल बांका भी नहीं कर सकता पर ये जो रोज़ . रोज़ खबरें हिन्दुस्तान .पाकिस्तान से आ रहीं हैं इनसे लगातार भाईचारे का माहौल खराब हो रहा है ।झुन्डके झुन्ड मुसलमान हिन्दुस्तान से भागकर पाकिस्तान आ रहे हैं ए ऐसे में यहाँ के लोगों को हरबार रोकना मुमकिन नहीं होगा । बेहतर होगा कि आप हिन्दुस्तान ही चले जाओ ।

दादाजी ने जैसे तैसे कुछ सामान बांधा । भूखे प्यासे हम लोग कितने दिन तक चलते ।सब लोग झुन्ड में ही रहते थे दहशत थी कि कहीं कोई हमला न हो जाए । रोज़ ही दस पाँच लोगों की हत्या हो जाती थी ।बहू बेटियों को लोग उठाकर ले जाते थे । दादाजी बताते हैं कि वे बहुत बुरे दिन थे ।

किसी तरह हम लोग हिन्दुस्तान के करीब आ गए थे ।रात का समय था । मैं और मेरी बुआ लेटीं हुईं थीं । पास ही में मेरी चाचीऔर मम्मी लेटी हुईं थीं ।भाईलोग आसपास पहरा दे रहे थे ।

अचानक शोर हुआ । हमारे साथ के लोगों पर मुसलमानों ने हमला कर दिया । मैं तो वहीं भगदड़ में गिर कर कुचल गई चोट लग गई थी। मेरी बहन और बुआ के साथ कुछ लोग छीना झपटी कर रहे थे । मेरे घर के मर्द उन्हें छुड़ाने की कोशिश कर रहे थे पर वे संख्या में बहुत ज़्यादा थे । हमारे भाइयों पिताजी और चाचाजी को मार डाला । बुआ को वे लोग उठाकर भागे । बेचारी जान छुड़ाने के लिए भागीं । कुछ लोग उनका पीछा करने लगे । मेरी बुआ और बहन ने इज़्ज़त बचाने लिए दरिया में छलाँग लगा दी । अँधेरे में वे बहुत देर तक ढूँढने के बाद भी जब वे बुआ और बहन को नहीं ढूँढ सके तो चले गए । मैं वहीं डर के मारे दुबकी पड़ी रही इसलिए उनकी मुझपरनज़र नहीं पड़ी ।

अगले दिन जब सूरज निकला दादाजी का सब लुट चुका था । उनके सामने उनके बेटों की लाशें थीं वह पागलों की तरह चीख रहे थे मेरी बेटियों को ढूँढो वे यहीं कहीं होंगी । मगर कहाँ मिलतीं वहशी दरिन्दों से बचने के लिए जब वे पानी में कूदीं तो वहीं उनकी जान चली गई ।पूरे परिवार की लाशें देखकर दादाजी होश खो बैठे बोले मैं कहीं नहीं जाउँगा मेरा सब कुछ लुट गया है।

पर मैं ज़िन्दा थी और रोए जा रही थी । लोगों ने उन्हें जैसे . तैसे समझाया । बेचारे मुझे उठाकर नजाने कितने दिनों तक भूखे प्यासे भिखारियों की तरह भटकते रहे ।उन्हें जीने की कोई तमन्ना नहीं थी फिर भी मुझे ज़िन्दा रखने के लिए सब कुछ सहते रहे । बस एक ही बात कहते हैं अपनी आँखों के सामने मैंने अपनी बेटियों को दरिया में छलाँग लगाते देखा है । क्या यही दुनिया है मगर क्या करें मेरे लिए जी रहे हैं । एक ही रट है रूपी तू अपने घर चली जा मैं फिर चैन से दुनियाँ से विदा ले लूंगा ।

दिन गुजरते रहे मेरे पापा का ट्रान्स्फ़र दूसरे शहर में हो गया । मुझे रूपी की बहुत याद आती थी । वह मेरी पक्क़ी सहेली थी । धीरे. धीरे मैं अपनी पढ़ाई में व्यस्त हो गई मेरी शादी हो गई । कैलैन्डर की तारीखें कब बदल गईं पता ही नहीं चला । मुझे रूपी के बारे में कोई सूचना नहीं मिलीचमन अंकल की वह शून्य में ताकती आँखें याद आती थीं । देश के बंटबारे की चर्चा सुनते ही उनकी वह गुस्से से काँपती आवाज़ याद आती थी ।ज्यों .ज्यों मैं बड़ी होती गई मैंने उनके दर्द को ज़्यादा महसूस किया ।

आजकल मैं टी वी वालों से बहुत परेशान हूँ । मुझे सिर्फ़ समाचार सुनना अच्छा लगता है ए वह भी यह लोग ठीक से सुनने नहीं देते । कोई प्रोग्राम लगाओ ए विज्ञापन परेशान करते हैं ए न्यूज चैनल वालों को समाचारों में सिर्फ़ चटपटापन चाहिए । आजकल तो जैसे इन्हें कोई समाचार दिखता ही नहीं जब देखो यही बताते रहेंगे यहाँ बलात्कार हुआ ए वहाँ बलात्कार हुआ । रही बची कसर चार लोगों को बुलाकर उनकी बेवजह राय बताकर पूरी कर देंगे । जैसे तमाशा बना दिया है । कभी कभी तो बात का बतंगड़ बना देते हैं । मगर कभी .कभी सच्चाई इतनी

कड़वी होती हे कि सोचने पर मजबूर होना पड़ता है । आज़ादी के बाद आखिर हम कहाँ जा रहे हैं लोगों की मानसिकता कितनी विकृत हो चुकी हे। एक तरफ़ हम विज्ञान की प्रगति समाज की उन्नति की बात करते हैं तो दूसरी ओर नारी सशक्तिकरण के दावों के बीच सरे आम घर मुहल्ले सड़कों पर फैली दरिन्दगी का तमाशा देखते हैं । रास्ता चलना दुश्वार होता जा रहा है ।

कल से कम से कम दस बार मैं यह एक ही समाचार देख चुकी हूँ। सुनकर बुरा भी लग रहा है कि कितने शर्म की बात है किआज लड़कियाँ अपने शहर ए अपने घर में सुरक्षित नहीं हैं । मुहल्ले के लफंगे लड़कों ने कितना सताया होगा कि लड़की बेचारी ने खुद से फाँसी लगा ली । टी वी वाले बता रहे हैं कि लड़की बेहद शरीफ़ थी । कई बार उसने अपने घरवालों से शिकायत भी की जिस पर लड़की के घर वालों ने लड़कों को डांटा भी था। थाने में जाकर शिकायत भी की । पुलिस वालों ने उल्टे लड़की के घर वालों को डांटकर भगा दिया । आखिर लड़के बड़े बाप के बिगड़ैल बेटे जो ठहरे । उनका भला कोई क्या बिगाड़ सकता था

पूरा समाचार तो मैंने ठीक से देखा नहीं पर अभी .अभी टी वी खोला ही था कि मेरा दिल धक् से हो गया । मेरी आँखें धोखा नहीं खा सकतीं भले ही समय का अंतराल क्यों न हो चेहरा भले ही थोड़ा बदल गया है पर यह चमन अंकल ही थे । उलझे .उलझे बाल झुकी हुई कमर । चीख. चीख कर रो रहे थे । लाशों के बीच बैठकर मैंने रातें बिताईं थीं । अपने सामने अपनी बेटी को अपनी इज़्जत बचाने की खातिर दरिया में कूदते देखा था परवह हमारा मुल्क नहीं था । क्या इसी दिन के लिए हम आज़ाद हुए थे इसी दिन के लिए मैंने अपनी बिटिया को कलेजे लगाकर पाला था । यह कैसी आज़ादी है मेरी आँखों के सामने मेरी फूल सी बच्ची चीखती रही । मुहल्ले का कोई सामने नहीं आया । सबके सब नामर्द हैं । मैं बूढ़ा चीखता रहा मेरी बेटी रोती रही । मजबूर होकर उसने पंखे से लटककर आत्महत्या कर ली । यह मुर्दों का देश है । यहाँ हैवानियत का राज है ।

दिल दहलाने वाली उनकी चीख मेरे कानों में गूँज रही हैं । रूपी का चेहरा मेरी आँखें के सामने है । देश की आज़ादी की तस्वीर सामने है । सोचने पर मजबूर हैं हम कहाँ हैं यह कौन लोग हैं जिन्होंने हमारी

संस्कृति को अपवित्र किया है अब हमें चुप नहीं रहना है वक्त आ गया है कि ऐसे विष वृक्षों को समूल नष्ट करना चाहिए । नारी को देवी मानने वाले इस देश में नारी का ऐसा अपमान । देश की संस्कृति की रक्षा के लिए जागना ही होगा ।

9

मेहरू

भीड़ में जिसे देखो वही अपने हिसाब से व्याख्या कर रहा था। पता नहीं कैसे लोग हैं.......... पैदा करने से पहले ज़रा भी नहीं सोचते........................ अब तो सरकार ने जगह-जगह इतनी सहूलियतें भी दिलवा दी हैं.................अगर पाल नहीं सकते थे तो जन्म देने की जरूरत क्या थी................लड़की है शायद इसिलिए फेंक दी होगी..................लड़की होना इतना बड़ा अभिषाप है.......................अब ज़माना बदल गया है..............लड़का-लड़की एक समान होते हैं...........सब कहने की बातें हैं................आज भी लड़का-लड़का है और लड़की- लड़की...................... कुछ भी कहो न जाने कितने ऐसे लोग हैं जो तरसते हैं................सोचते हैं कुछ भी हो जाए.................और ईश्वर उन्हें नहीं देता................. क्या भला ईश्वर भी उन्हीं को देता है जिन्हें इनकी जरूरत नहीं.........कितनी बेरहम वह माँ होगी जिसने ऐसी नन्हीं बच्ची को यहाँ फेंक दिया...............तुम्हें क्या पता, हो सकता है वह मजबूर हो.......................... ऐसी भी क्या मजबूरी....................मेरा तो कलेजा मुँह को आ रहा है...............मै तो पाल लेती मगर क्या करूँ मेरे यहाँ जो तीन हैं वही मुझसे नहीं पलते...

जितने मुँह उतनी बातें। सहानुभूति दिखाने को सब तैयार मगर रखने का कोई राजी नहीं। बच्ची चीख-चीखकर रोए जा रही थी। जयसिंह

भी भीड़ में से झाँक कर देखने लगा। हलके गुलाबी रंग की फ्राक में एक छोटी सी प्लास्टिक की डलिया में एक नन्हीं सी बच्ची पड़ी हुई थी। मुष्किल से पाँच दिन की होगी। रोते-रेाते बेचारी का गला बैठ चुका था। हाथ-पैर चलाते- चलाते शायद इतनी थक चुकी थी कि अब हाथ-पैर चलाने की ताकत भी नहीं बची थी। चुपचाप निढाल पड़ी थी। किसी की हिम्मत नहीं हो रही थी कि उसे उठाए। क्योंकि जो भी उठाएगा जिम्मेदारी उसी की हो जाएगी, जब तक बच्ची के असली माँ-बाप नहीं मिल जाते। बच्ची के असली माँ-बाप को अगर आना ही होता तो भला ऐसे फेंकते ही क्या ? भीड़ धीरे-धीरे कम होने लगी थी। जो लोग पहले से खड़े हुए थे उनकी जगह कुछ नए चेहरों ने ले ली थी पर समस्या जस की तस बनी हुई थी।

जयसिंह से रहा नहीं गया उसने आगे बढ़कर बच्ची को उठा लिया। उसके पास पानी की बोतल थी। दो बूँद पानी की बच्ची के मुँह में डाली। पानी जाते ही उसकी हल्की सी आवाज निकली। तमाषबीन बने लोगों में से एक बोला......................अच्छा किया भाई साहब.................कितने ही लोग खड़े थे मगर किसी ने नहीं उठाया।

बच्ची को कुछ आराम मिला। बच्ची सो गई। जयसिंह बच्ची को गोद में उठाए खड़ा था।

तभी बगल की पान की दुकान वाले ने जो निहायत मरियल सा था कहा- न हो दया करके आप ही इसे अपने पास रख लीजिए। तब तक पुलिस में इसकी रिर्पोट लिखा देते हैं। हो सकता है पुलिस कुछ कार्यवाही करे।

भीड़ को उधर से गुजर रहे कांस्टेबल मनसुख और हीरासिंह ने देखा! कहा क्या बात है......क्यों भीड़ लगी है................साहब कोई एक बच्ची को फेक गया है...................... पता नहीं किसकी है..............जयसिंह के हाथ में बच्ची को देखकर मनसुख ने कहा.............. तुमने अच्छा किया नहीं तो बेचारी मर जाती............ऐसा करो थाने लिए चलते हैं...........वहीं रिर्पोट लिख लेंगे............तब तक तुम बच्ची को अपने पास रखे रहो.............मगर मैं क्या करूँगा.......मेरे तो तीन बेटे पहले से ही हैं.................तो क्या हुआ?.............जहाँ तीन पल रहे हैं वहीं

एक बेचारी यह भी पल जाएगी.............. देखते नहीं भगवान ने तुम्हारे लिए लक्ष्मी भेजी है............... मगर मैं इतना बड़ा आदमी नहीं हूँ...................मगर कुछ देर की बात है..............जल्दी ही पता चल जाएगा इसके माँ-बाप का...

जयसिंह क्या करता? बेचारे का पास ही घर था मजबूरी में बच्ची को अपने घर ले जाना पड़ा। रास्ते भर जयसिंह ने तरह-तरह के जबाव तैयार कर लिए। अगर नसीमा यह पूछेगी तो मैं यह कहूँगा.............और वह पूछेगी तो वैसे जबाव दूंगा। जयसिंह को अपनी जिन्दगी के बीते दिन याद आ रहे थे। जब वह और नसीमा कैसे छुप-छुप कर एक दूसरे से मिलते थे। घर वालों को पता लगने पर कैसा भूचाल आया था। वह तो भगवान भला करे अम्मा ने ही किसी तरह बाबूजी को समझाबुझा कर नसीमा को घर में रखने के लिए राजी किया था। शुरू-षुरू में तो सबने अलग ही कर दिया था। जिसे देखो वही कहता था क्या अपनी जात में लड़की की कमी थी जो दूसरी बिरादरी की लड़की ब्याह कर ले आए। धीरे-धीरे सब दिन बीत गए। अब कहीं जाकर सब ठीक हुआ है। ज़रा दुकान भी चल निकली है और तीनों बेटे भी स्कूल जाने लायक हो गए हैं। अब यह बच्ची और मेरे गले पड़ गई। चलो दो-चार दिन की बात है। दरोगा जी ने कहा है जल्दी ही इसकी व्यवस्था करा देंगे।

नसीमा ने जयसिंह के हाथ में जब एक नन्हीं सी बच्ची देखी वह हैरान हो गई। कहाँ से ले आए यह बच्ची..........किसकी है?

ज़रा सब्र करो सब बताता हूँ.............कहते-कहते जयसिंह ने नसीमा की गोद में बच्ची रख दी..............। हाँ.........अब क्या पूछ रहीं थीं...............यही कह रही थी कि किसकी बच्ची है..... कहाँ मिली..................

मुझे खुद नहीं पता कि यह किसकी बच्ची है.........................यह कहते-कहते जयसिंह ने पूरी

दास्तान सुना दी।

तुम्हें नहीं उठाना चहिए था.................क्या तुम्हीं अकेले वहाँ थे............और भी लोग तो थे...... तुम्हें सबकी बड़ी फिक्र रहती है..........अब न जाने कितने दिनों तक इसे झेलना पड़ेगा.......... तुम्हें

भी तो मैंने झेला था...........क्या भूल गईं.................

रनियापुर छोटा सा कस्बा था। थोड़े से लोग थे। यूँ कहने को लगभग सारी व्यवस्थाएं थीं पर वह सभी कुछ नाम मात्र की थीं। देष की आज़ादी के चालीस साल बीतने के बाद भी यहाँ विकास के कदम बहुत ज़्यादा नहीं देते थे। एक पक्की सड़क बन गई थी जिस पर दिन भर में चार-पाँच बसें निकल जाती थीं। एक छोटी सी पुलिस चौकी थी जिसमें चार-पाँच सिपाही और एक दरोगा जी रहते थे। पन्द्रह-बीस बिसाती की दुकानें, तीस-चालीस राषन और परचून की दुकानें, दो-चार मिस्त्रियों की दुकानें और दो-चार घड़ी, रेड़ियो, पंखे की दूकाने थीं। जयसिंह ने भी सड़क के किनारे खोखा रखकर साइकिल के पंचर जोड़ने की दुकान खोल ली थी। उसी से उसकी रोजी रोटी चल जाती थी। नसीमा से शादी के बाद उसके कहने पर कुछ टॉफी, बिस्कुट और छोटी-छोटी रोज़मर्रा की चीजें भी दुकान में रखनी शुरू कर दीं थीं जिससे पहले से आमदनी अब थोड़ी ज़्यादा होने लगी थी। कुछ भी हो दाल-रोटी चल रही थी मियाँ, बीबी बच्चे अपनी अपनी ज़िन्दगी जी रहे थे जयसिंह और नसीमा को यही सुख था।

पर बच्ची के आने से एक नई समस्या जुड़ गई। मजबूरी में बच्ची को नसीमा को पालना पड़ रह था। चार दिन बीत गए थे। जयसिंह तीन-चार बार चक्कर लगा कर दरोगा जी से पूछ चुका था.................साहब कुछ पता चला......................नहीं यार ढूँढ रहे हैं..................... ज़्यादा परेषानी हो तो हम लोग दूध के लिए चंदा कर देते हैं...................क्या करूँ यहाँ थाने में रखने की जगह नहीं है............मैने एस0एस0पी को चिट्ठी लिख दी है..............समाज कल्याण मंत्रालय की अध्यक्षा को भी सूचित कर दिया है..........जैसे भी होगा बच्ची को हटा लिया जाएगा.................

महीना बीत गया। जससिंह को भी बच्ची के आने से घर में एक रौनक लगने लगी थी। अपने बेटे तो बड़े हो चले थे। गौरव दस साल का.................अन्नू आठ साल का और मिक्कू पाँच साल का था। सभी बच्चे स्कूल चले जाते थे।

इधर दरोगा जी का ट्राँसफर हो गया। जयसिंह की उलझन बढ़ गई। साहब अब क्या करें.. अरे तुम चिन्ता न करो.............मै रहूँगा कहीं न

कहीं............जैसे ही समाज कल्याण विभाग से पत्र आएगा मैं इसका इंतजाम करा दूँगा...........मैंने नए दरोगा जी से भी बता दिया है......

अब क्या है............ईष्वर की मर्जी.................हो सकता है इसके भाग्य से ही तुम्हारी कुछ

तरक्की हो जाए.......................

बच्ची अब बड़ी होने लगी थी। न जाने क्यों नसीमा को उससे कभी लगाव नहीं हुआ। उसको देखते ही नसीमा का पारा चढ़ जाता था पर जयसिंह के डर से ज़्यादा कुछ कह नहीं पाती थी। ससुराल वालों के सामने उसकी वैसे भी कुछ ज़्यादा नहीं चलती थी। करती भी क्या? उन सब की मर्ज़ी के खिलाफ़ जयसिंह ने उससे शादी की थी। यह बच्ची पालना उसे मुसीबत लगती थी। पर बच्ची थी बड़ी प्यारी! नसीमा ने उसका नाम रखा था मेहरू...............

मेहरू दो साल की हो चली थी...............वह भी अब घर का हिस्सा बन चुकी थी। जयसिंह और नसीमा को लगने लगा था कि हो सकता है इस तरह उनके घर में आना ही ईष्वर की मर्ज़ी हो। वाकई जब से मेहरू इस घर में आई थी जयसिंह की दुकान पहले से अच्छी चलने लगी थी। सड़क के उस पार सरकारी अस्पताल खुलने से ग्राहकों की संख्या भी पहले से काफ़ी बढ़ गई थी। जयसिंह को अक्सर दरोगा जी की बात याद आती................दरोगा जी ने कहा था-'लक्ष्मी ही मेहरू बनकर आई हो'..............इधर दरोगा जी की भी कुछ खबर नहीं मिल पा रही थी.........................

भीकमपुर से जयसिंह का कस्बा मात्र चौदह किलोमीटर दूर था। शहर की सारी सुविधाएं भीकमपुर में थीं। नसीमा का मायका भीकमपुर का था। उसे हमेषा लगता था कि शहर से निकलकर गाँव में आ गई। जयसिंह ने कुछ पैसे इकठ्ठे कर लिए थे। अब नसीमा की यही फ़रमाइष होने लगी..........चलो हम लोग भी शहर में थोड़ी सी ज़मीन खरीद लेते हैं...... न ज़्यादा बड़ा, छोटा ही सही एक मकान बनवा लें..........फिर वहीं रहेंगे...........यहाँ लड़कों की पढ़ाई भी ठीक से नहीं हो पाती ....या तो यह बाग में घूमते रहते हैं...............या कंचे खेलते रहते हैं..................शहर में किसी अच्छे स्कूल में इनका दाखिला करा

देंगे........... इनकी भी किस्मत सुधर जाएगी...........मेहरू इनके घर का हिस्सा बन चुकी थी........................ छह साल पहले हुए किस्से को लोग भूलने लगे थे...........जयसिंह ने नसीमा के कहने से भीकमपुर में दो कमरों का मकान बनवा लिया था अब वह वहीं से अपनी दुकान चला जाता था। दुकान जाने के लिए उसे सात बजे घर से निकलना पड़ता था। अभी दो तीन बसें हीं उसके गाँव को जाती थीं। अक्सर घर लौटने में रात के आठ-नौ बज जाते थे। नसीमा कहती- मुझे अच्छा तो नहीं लगता तुम थक जाते हो परन्तु कुछ पाने के लिए कुछ खोना पड़ता है। जयसिंह जब शाम को थका हारा लैटता अपने बच्चों को देखकर उसके दुःख दूर हो जाते थे। मेहरू जब पापा-पापा कहती जयसिंह को लगता नहीं था कि यह उसकी सगी बेटी नहीं है। मेहरू को भी अम्मा तो दिन में डाँट भी लगाती थीं मगर पापा उसकी हर फ़रमाइष का पूरा ख्याल रखते थे।

मेहरू दस साल की होने जा रही थी अब वह नन्हीं फ्राक पहनने वाली गुड़िया नहीं रही थी। अम्मा ने उसको सलवार कुर्ता पहनाना शुरू कर दिया था। मेहरू बेचारी पूरी कोषिष करती थी कि उसकी वजह से अम्मा को कोई परेषानी न हो मगर नसीमा फिर भी कभी मेहरू को वैसा प्यार नहीं करती थी जैसा भाइयों को करती थी फिर भी वह पापा से कभी इस बात की षिकायत नहीं करती थी। जब से होष संभाला था कुछ-कुछ दबी जुबान से लोगों को अपने लिए कुछ अलग व्यवहार करते महसूस किया। अम्मां अक्सर पापा से कहतीं थीं-'एक यह और मेरे ऊपर लाकर रख दी है। नन्हीं मेहरू सोचती.............लाकर रखने का क्या मतलब है..........क्या वह कहीं से लाई गई है................क्या वह अम्मां-पापा की बेटी नहीं है। गौरव, अन्नू, मिक्कू भी उससे उतने घुले-मिले नहीं थे जैसे वह तीनों आपस में खेलते थे । जब कभी वह भाइयों के साथ बैठ जाती अम्मां फौरन चिल्लाने लगतीं.............तू चल वहाँ से ....अपना काम कर................तेरा इनका साथ क्या काम वगैरा-वगैरा....................मेहरू दस साल की उम्र में ही इतनी बड़ी लगने लगी थी कि देखने में वह पन्द्रह साल से कम की नहीं लगती थी ।

अम्मां कहतीं-आग लगे कैसी बांस सी लम्बी हुई जाती है..........इसे देख-देखकर तो मेरा और खून सूखा जाता है...........यह तो मुझे खाए

जाती है.............मेहरू की बड़ी-बड़ी आँखों से आँसू आ जाते थे। अम्मां के डर से बेचारी रो भी नहीं पाती थी।

रात के नौ बजे थे जाड़ों के दिन थे। अंधेरा भी जल्दी हो जाता है। मेहरू ने शाम को ही खाना खा लिया। वह रजाई में दुबकी पापा का इंतजार कर रही थी। स्कूल में टीचर ने कहा था...................कल सब बच्चे पाँच-पाँच रूपये लेकर आएंगे। शुक्रवार को वह महात्मा गाँधी पार्क में सब बच्चों को लेकर पिकनिक मनाने जाएगीं। अम्मां से पैसे मांगने की हिम्मत नहीं पड़ रही थी। उसे मालूम था अम्मां पैसे नहीं देगीं, उल्टे डाँट और पड़ जाएगी। पापा ही पैसे दे सकते हैं। उन्हीं ने मेहरू का नाम पास के स्कूल में लिखवाया था। सोचते-सोचते जाने कब उसकी आँख लग गई। अचानक चीखने की आवाज़ें सुनकर मेहरू जाग गई। देखा अम्मां दहाड़ मार कर रो रही थीं। तीनों भाई भी अम्मां से चिपके बैठे थे। पड़ोस की सवित्री चाची, जुम्मन मामू, बहादुर ताऊ,बषीरत मिस्त्री, कल्लन नाई और न जाने कितने लोग उसके छोटे से घर में इकठ्ठे हो गए थे। पापा एक खटिया पर चादर ओढ़े लेटे थे। इतना शोर सुनकर भी न हिले-डुले न बोले। मेहरू चीख कर पापा की ओर दौड़ी। तभी सोनवती बुआ ने रोक लिया। बेटा पापा नहीं रहे। वह चुपचाप कोने में बैठकर आँसू बहाने लगी। रात मे कब वह रोते-रोते सो गई पता नहीं। सुबह लोग इकठ्ठे हुए पापा को कहीं ले गए। धीरे-धीरे बाकी लोग भी चले गए। अम्मां, मेहरू और तीनों भाई अकेले रह गए।

अब मेहरू को पूछने वाला कोई न था। अम्मां के मुँह से एक ही बात निकलती थी हाय! अब मैं घर कैसे चलाऊँ। अपने ही तीन-तीन नहीं पाल पाती थी ऊपर से यह नासपीटी और बैठी है.................डांट खाना, मार खाना, अब जैसे मेहरू के जीवन का हिस्सा बन गया। पापा थे तो बुआ, ताई, चाचा, भी कभी-कभी आ जाते थे। जब पापा दुलार करते तो वह लोग भी कह देते थे......................सच जय बड़ी प्यारी बच्ची है.....................तुम बड़े पुण्य का काम कर रहे हो। अब ऐसा कोई नहीं बचा था जो भूले से भी दो प्यार के बोल मेहरू से बोल दे। अम्मां की पापा के घर वालों से पहले ही नहीं पटती थी। दादी जब तब अम्मां से कह देती थीं...................जाने कहाँ से मेरे बेटे के भाग फूट गए जो इसे ब्याह

बैठा। पापा क्या गए जैसे सारे नाते ही टूट गए।

घर की दुनिया बदल चुकी थी। खुद अम्मां को दुकान देखनी पड़ती थी। गफ़्फार चाचा की दुकान बगल में थी। अब वही घर के कामों में अम्मां की मदद किया करते थे। उन्हीं की घर में आवाजाही बढ़ गई थी। अम्मां जब देखो गफ़्फार चाचा से बातें किया करती थीं। कई बार रात को भी गफ़्फार चाचा देर तक रहते थे। मेहरू कोषिष करती थी वह दूर ही रहे कहीं अम्मां ने देख लिया तो मार ही पड़ेगी। बेचारी दिन में ही अपने स्कूल का काम निपटा लेती थी। अम्मां ने तो कह दिया था.................मेरे पास पैसा नहीं है जो ऐसी चुड़ैल को ढोती रहूँ..............मगर गफ़्फार चाचा ने कहा.............काहे पढ़ाई छुड़ाती हो............. आजकल लड़की कुछ पढ़ी-लिखी रहती है तो ठीक रहता है।

गफ़्फार की अपनी दुकान तो कुछ चलती नहीं थी बस नाम मात्र को दो चार टूटे-फूटे रेडियो रखे थे। शायद कभी कोई ग्राहक कुछ मरम्मत कराने आता हो। दिन भर नसीमा के साथ ही बैठे रहते। अगल-बगल से लोगों ने ताना मारना शुरू कर दिया............अरे मियाँ! नाहक इधर-उधर भटकते हो.................उससे तो अच्छा है कि निकाह ही कर डालो............. बेचारी नसीमा के भाग ही फूटे थे जो ग़ैर जात के आदमी के साथ फंस गई................ख़ैर अल्लाह जो करता है ठीक ही करता है.................नसीमा से ब्याह करने में कोई हर्ज़ भी नहीं है.......................

एक दिन मेहरू ने देखा अम्मा गफ़्फार चाचा के साथ कहीं गईं और लौटी तो लाल जोड़ा पहने हुईं थीं। गफ़्फार चाचा उसके बाद वहीं रहने लगे। नसीमा को लड़के तो प्यारे थे आखिर कोख जाए थे मगर मेहरू..............वह न जाने कौन से जन्म का पाप थी जो नसीमा के गले पड़ गई।

................सोचती हूँ इसे इसकी दादी के पास भेज दूं.................क्यों ?.............कौन इस कम्बख्त को ढोएगा.......................अंधेरे में भी गफ़्फार की आँखें चमक उठीं............... ऐसा क्यों कहती हो.........................लड़की तो लक्ष्मी होती है................देखा नहीं जबसे आई कैसी

जयसिंह की किस्मत चमक गई.................हो सकता है मेरे लिए भी यह लक्ष्मी फल जाए........

जल्दी सो जाओ सुबह जल्दी उठना भी है.............मगर मेरे स्कूल की कल छुट्टी है................स्कूल से क्या लेना-देना.............वैसी भी तुम अब स्कूल जाकर क्या करोगी........मेहरू की आँखों मे आँसू भर आए। रूंधे हुए गले से बोली..............मै तो ठीक से पढ़ती हूँ.................अब पढ़ने की कोई जरूरत नहीं..........कल तुम्हारा निक़ाह है..........मेरा..........ऐसा कैसे हो सकता है.........देखा ज़्यादा पढ़ने का नतीजा। नसीमा चिल्लाई।............नहीं बेटा....................तुम जितना पढ़ लीं ठीक है..............अगर हम तुम्हारा समय पर ब्याह नहीं करेंगे तो बिरादरी वाले कहेंगे.................पराया बाप है..............इसीलिए बेटी के ब्याह की चिन्ता नहीं................नसीमा मुस्कराई.....................गफ़्फार ने आँख मारकर उसको इषारा किया।

...............अम्मां ऐसे-कैसे ब्याह होता है.............. न बाजा न गाजा..........न रिष्तेदार..........मेरे पास इतने पैसे नहीं हैं कि इस सब बबाल खातों में पैसा बरबाद करूँ.................वैसे भी हमारे रिष्तेदार हैं हीं कौन..............फिर कौन तेरा बाप बैठा है ब्याहने को..............ज़बान चलाती है। मौलवी साहब आ जाएगें दोपहर तक। सलीम भी आ जाएगा। तू जल्दी से तैयार हो जाना.................

दूसरे दिन मौलवी साहब अपने साथ दो-चार-पाँच आदमियों को लेकर आए। मेहरू को लाल जोड़ा पहनाया गया। बिना किसी साज सिंगार के भी मेहरू किसी अप्सरा से कम नहीं लग रही थी। रूप को भला गहनों की क्या जरूरत। विदाई के समय मेहरू की आँखों से आँसुओं की झड़ी लग गई। न ज़्यादा शानोषौकत न सही पर उसका निकाह हुआ था। आज वह ससुराल जा रही थी। भले अम्मां प्यार नहीं करती थीं पर उसका मायका था। चलते समय अम्मां बोलीं.......................ससुराल में सबकी खूब सेवा करना............सलीम से कोई षिकायत न सुनने को मिले.......................

मेहरू जब ससुराल पहुँची देखा सलीम की अम्मी, अब्बू, बहन सब बहुत नाराज़, उन्हें जब यह खबर लगी कि सलीम ने बिना बताए निकाह

कर लिया है तो सबका पारा सातवें आसमान पर चढ़ गया। मगर मेहरू को देखते ही उनका गुस्सा शान्त हो गया। वह लोग चाहे जितनी भी खोज करते मेहरू जैसी बहू नहीं ढूंढ सकते थे। मेहरू की सेवा ने सबका दिल जीत लिया था। घर वाले उसकी तारीफ़ करते नहीं थकते थे।

सलीम का एक ही जुमला रहता............मेरी जान क्या करूँ............तुम्हें छोड़ने का मन ही नहीं करता...................चाँद मेरे घर में उतर आया है..............कहाँ चली जाती हो............. अब्बू की सेवा करने के लिए अम्मी हैं..........तुम बस कहीं न जाओ.............मेहरू ने पहली बार ज़िन्दगी में ऐसी खुषनसीबी पाई थी................बस दिन रात यही दुआ करती कि जैसा भी है मेरा शौहर बना रहे.................उसका सरताज सलामत रहे..

मेहरू अभी सुबह-सुबह उठी ही थी कि देखा अम्मा और गफ़्फार चाचा आए हैं...............हैरानी हुई.......... न कोई खबर न कोई संदेष...........यह अचानक कैसे ....बंद कमरे में सलीम से जाने किस बात को लेकर कहा सुनी हो रही थी........उसे कुछ पता नहीं चल पाया.................अम्मा ने हुक्म दिया मेहरू मेरे साथ जाएगी.........मगर अम्मा मैं ऐसे कैसे जा सकती हूँ....................मै इनसे पूछ लूँ............... वह क्या कहेगा.................तू चल मेरे साथ........ मगर अम्मा वह मेरे शौहर हैं......................बड़ी आई शौहर वाली.............मेहरू ने कमरे में झांका सलीम जा चुके थे.......................अम्मी, अब्बू भी कुछ नहीं बोले...................मेहरू ने ज़्यादा बहस नहीं की सोचा कहीं ससुराल वाले न सुन लें.................उसे किसी ने नहीं रोका........... अम्मा ने कहा मेरे साथ अभी चलो..............बेचारी मेहरू चुपचाप अम्मा के घर चली आई।

पाँच दिन बीत गए..............मेहरू को हर आहट पर लगता था सलीम आएगें............मगर सलीम का कोई पता नहीं था............छठे दिन अम्मा का हुक्म हुआ...............चल मेरे साथ...... कहाँ?.................डाक्टर के पास...............मगर मैं तो ठीक हूँ............ठीक क्या खाक है........... जो पेट में ढो के लाई है...............अम्मा वह मेरा है..........कुछ नहीं है तेरा.............तुझे

पता है सलीम ने तुझे तलाक दे दिया है................. मेहरू को लगा जैसे किसी ने गहरी खाई में धकेल दिया हो.................यह नहीं हो सकता अम्मा...............वह मुझे जान से ज़्यादा चाहते हैं.............कोई जान से ज़्यादा नहीं चाहता...............फिर ऐसी तुझमें लायकियत भी नहीं है...... तू सीधी तरह चलती है या बताऊँ.............हमने पहले ही सलीम से कह दिया था......... वह तो यह तीस हज़ार रूपये सलीम से जुए में हार गए थे इसलिए तुझे भेजना पड़ा..........अब वह कभी नहीं आएगा.............हमने पहले तुझे पाला...............अब तेरा पाप पालें करमजली मेरे ही पल्ले पड़नी थी.............

दो हफ्ते जैसे तैसे बीते। उसे लगता था सलीम जरूर आएगें। अम्मा झूठ कहती है। सलीम ऐसा नहीं कर सकते। वह आएगें.....................पर वह नहीं आए...............अम्मा बोलीं ....मैं ठीक कहती थी न.....................सलीम ने दूसरी शादी कर ली।

फिर क्या हुआ...............उसे कुछ पता नहीं...............जब होष आया देखा वह नर्सिंग होम में थी................अचानक उसे लगा उसके पेट के नीचे का हिस्सा खाली हो गया...................सब कुछ लुट गया...............सब कुछ उजड़ गया................कैसे ?................उससे बिना पूछे............हाय सलीम..........मेरी जान तुम कहाँ चले गए..........मेहरू का कलेजा फट गया.............आँखें वीरान हो चलीं.................

अभी दो महीने भी नहीं बीते थे कि अम्मा और गफ़्फार चाचा मेजाने क्या बात हुई.............. अम्मा ने कहा..............तुझे तो सलीम ने छोड़ दिया तो हम क्या करें.........अब क्या सारी उम्र ही हमें खिलाना पड़ेगा.....................सलीम ने तो फिर से निकाह कर लिया................................

एक दिन फिर मौलवी साहब के साथ एक बुर्जुगवार आए..............मेहरू को फिर से लाल जोड़ा पहनाया गया................लाष की तरह बैठी मेहरू की निकाह की रस्म अदायगी की गई..............मेहरू को बूढ़े अब्दुल क़ादिर के साथ भेज दिया गया।

अब्दुल क़ादिर ने बड़े दुलार से मेहरू को पुकारा...............जानेमन क्या यूँ ही शरमाओगी....... मेहरू का दिल सलीम के लिए रो उठा...........उसे आज भी यकीन नहीं था कि सलीम कैसे उसे भूल सकता है........अब्दुल क़ादिर के बढ़ते हुए हाथ उसे किसी खूनी पंजे की तरह लग रहे थे.............उसने घबराकर आँखें मींच लीं................अब उसके नसीब में क्या होगा...... उसने पैरों पर गिरकर कहा कि खुदा के लिए मुझ पर रहम करो................मैं आपकी जो खिदमत कहोगे कर दूंगी................पर अल्लाह के लिए मुझे अपनी बेगम मत कहो..............मुझे बांदी बना कर इस घर में रख लो.......................मुझे कुछ नहीं चाहिए..................................

अब्दुल क़ादिर को सपने में भी ऐसी उम्मीद नहीं थी................पर क्या करते................कुछ अपना शरीर साथ नहीं देता था.....................कुछ मेहरू का बर्फ सा चेहरा देखकर जोष उड़ जाता था........पर कुछ ही दिनों में शरीर की बेजानी मन को सुकून देने लगी..........मेहरू को भी कुछ नहीं चाहिए था...........एक शान्त सुलहनामा दोनों के बीच हो गया..............मेहरू को लगा ज़िंदगी का बोझ इस तरह भी कट जाए तो अच्छा है।

पर अब्दुल क़ादिर के बेटों ने हंगामा बरपा दिया। बुढ़ापे में यह नया शौक पाल लिया..निकाह रचाएगें.........जहाँ से लाए हैं वहीं छोड़ आइए वरना हमें ही कुछ करना पड़ेगा...........कब्र में जाने से पहले ख़ानदान की इज्जत का कुछ तो ख्याल कीजिए................ अब्दुल क़ादिर क्या सफाई देते..................एक रात बिना कुछ कहे चुपचाप मेहरू को उसकी अम्मा के पास छोड़ आए.............मेहरू को देखते ही अम्मा का पारा चढ़ गया.............इस कुलच्छनी को कहीं ठौर नहीं...................मेरी ही छाती पर मूँग दलेगी.............गफ़्फार बोले...... अरे! अपने घर लक्ष्मी आई और तुम कोस रही हो।

और एक दिन अम्मां ने निहायत खौफ़नाक शक्ल वाले सुलेमान के साथ जबरदस्ती भेज दिया। अम्मां के घर में डाँट पड़ती थी मगर खुला आसमान तो दिखता था मगर जब से मेहरू सुलेमान के साथ ब्याह कर आई दिन में सूरज और रात में चाँद की रौषनी जैसे उसके भाग्य से मिट

गई। न जाने कहाँ आबादी से दूर बना एक कमरे का मकान था जो काफ़ी दिनों तक बन्द रहने की वजह से किसी भुतहा कोठरी सा लगता था। घर में दो ही

लोग थे। सुलेमान ने मेहरू को पहले ही दिन साफ-साफ शब्दों में कहा-'मेरे बारे में तो समझ ही गई होगी..............ज़्यादा गड़बड़ करने की कोषिष की..............तो मुझसे बुरा कोई नहीं होगा.............वैसे अगर तू मुझे खुष रखेगी तो चलेगा............मेहरू को हर रात लगता जैसे कोई कुत्ता हड्डियों को चचोड़ रहा हो...................मुर्दार! मुझे देखते ही तेरे चेहरे पर मरी पड़ जाती है...........चल ठीक है.................अब मैं न सहीं..............वैसे भी तुझ पर मैंने पच्चीस हज़ार रूपयं खर्च किए हैं....................वसूली भी करनी है..

अगली रात मेहरू ने देखा सुलेमान के साथ चार लोग और हाजिर थे..............देखती क्या है.......................जो खर्चा किया है मिल बांट कर उठा लेगें.................सुलेमान के ठहाके से मेहरू की रूह कांप गई......................फिर चार हाथ के दैत्य.................कभी जिनके आठ आँखें.......................बीस नाखून..............पंजे..............अनगिनत टांगें.............कुछ पता नहीं .... कुछ होष में कभी बेहोषी में..........सुलेमान मेहरू से कीमत वसूलता रहा..........मेहरू के ईष्वर और खुदा दोनों गायब हो चुके थे................बस...............नाखून...................पंजे................ ठहाके..................चीख...............न जाने क्या-क्या...

एक दिन अम्मा और गफ़्फार चाचा आए, आते ही उन्होंने सुलेमान पर बरसना शुरू कर दिया...............नामुराद................मैंने तुझे बेटी ब्याही थी......................तूने उसका ब्याज तक वसूलना शुरू कर दिया..............मुझे सब पता चल गया है...............तू क्या समझता है............

पहले सुलेमान गुर्राया............मैंने निकाह किया है...............मेरी बीवी है...............जैसे चाहूँ रखूं..............जो चाहे करूँ

बड़ा आया बीवी वाला.................अभी थाने में जाकर रपट लिखा दूँ तो हवालात की सैर करनी पड़ जाएगी...................धंधा कराता है...........मुझे यही कराना होता तो मैं......................... फिर कुछ कहा सुनी के बाद सुलेमान डर गया। अम्मा मेहरू को लेकर घर आ गईं।

मेहरू के जीवन में चैन के झोंके कभी आए ही नहीं। पापा क्या गए पतझड़ ने जैसे जीवन में बसेरा कर लिया। काष! अच्छा होता कि पापा जहाँ चले गए थे वहाँ उसे भी ले जाते। मेहरू बिस्तर से लग चुकी थी उसकी खूबसूरती अभिषाप बन गई थी। कभी-कभी घर में भी उसे डर लगने लगा था। गफ़्फार चाचा की आँखें अंधेरे में उसे घूरती लगती थीं। अम्मा को शायद शक हो गया था। उनकी गालियों की बौछार बढ़ गई थी। चार महीने जैसे-तैसे कटे। अम्मां हर समय यही कहतीं.................मै कहाँ ढोऊँगी.............कहीं न कहीं निकाह कर दो...................................

मेहरू के लाख मना करने बाद भी फिर वही कहानी दोहराई गई.................एक बार फिर

मौलवी साहब ने पूछा..............निकाह कबूल.............बुत बनी मेहरू के बिना कुछ कहे ही पीछे से उसका सिर झुका दिया गया...................एक बार फिर मेहरू की विदाई हुई...............

पर जैसे ही रिक्षा थोड़ी दूर चला.............दुल्हन बनी मेहरू चीखकर भागी.............लोग पीछे-पीछे दौड़े..............थोड़ी ही देर में मजमां लग गया...................पुलिस आ गई.................

मेहरू को थाने लाया गया..............मेहरू ने रो-रोकर अपनी दास्तान बयान की.................

अगले दिन अखबारों मे यह खबर विस्तार से छपी और लिखा-

शायद लोगों को मेहरू की दास्तान अजीब लग सकती है.............पर यह एक सच्ची दर्दनाक कहानी है.................पुलिस ने मेहरू को अब नारी निकेतन भेज दिया है..................।

....

10

फिर कभी ऐसा ना हो !

भीड़ इतनी अधिक नहीं थी फिर भी सामने से आती हुई कार के अचानक आ जाने से एक्सीलेटर से हटाकर ब्रेक पर पैर रखना पड़ा। कार के तेजी से रूकने के साथ ही उसे एक तगड़ा झटका लगा, बड़ा गुस्सा आया। कैसे बदतमीज लोग हैं, अगर ठीक से कार नहीं चला सकते हैं तो न चलाऐं। यूँ खुद तो मरेंगे ही दोष दूसरों पर लगाएगें। भीड़ जमा हो चुकी है उतरना ही पड़ेगा, बचकर निकलने की कोई गुंजाइश नहीं है कार पर एक नज़र डाली, कार को ज़्यादा नुकसान नहीं है। एक दो खरोंचे आ गई हैं और सामने वाली लाइट का शीशा थोड़ा सा टूट गया है। शीशा ठीक करा लेगें मगर अब गाड़ी हटे कैसे? जब तक सामने वाला खुद पीछे न हटाए। मेरे पीछे तो गाड़ियों की लाइन लग चुकी है, इसे पीछे नहीं हटाया जा सकता। वैसे भी मेरे बस में यह सब कहाँ है। मैंने तो जैसे तैसे चलाना ही सीखा है।

गेट खोलकर जो व्यक्ति खड़ा हुआ उसकी पीठ मेरी ओर थी, मुझे नहीं पता वह कौन है, बड़ा गुस्सा आ रहा था। इतना तो इसे कम से कम सोचना ही चाहिए कि चारों तरफ भीड़ जुट रही है और लोगों को निकलने में असुविधा हो रही है। तभी उसने पलटकर देखा, मुझे लगा इस व्यक्ति को मैंने कहीं देखा है पर कहाँ? एकदम से याद आया अरे

हम लोग रूद्रप्रयाग में मिले थे, पर यह क्या यह तो खड़े भी नहीं हो पा रहे, बड़ी मुश्किल से बैसाखी का सहारा लेकर खड़े हुए। मुझे देखते ही वह भी पहचान गए। एक साल में ही क्या से क्या हो गया। मैंने कहा, ' मुझे पता नहीं था कि आप हैं', उन्होंने ड्राइवर को गाड़ी पीछे हटाने को कहा। मैंने कहा, 'पहले आप मेरे घर चलिए, मुझे आपसे बहुत सी बातें करनी हैं। मैंने आपको कहाँ-कहाँ नहीं ढूँढा। अपनी कार मोड़ ली। अब मेरी कार आगे आगे थी, और वह पीछे आ रहे थे। मेरा मन कार की गति से चल रहा था।

पिछले साल की बात है, रूद्रप्रयाग से जैसे ही हम लोग थोड़ा आगे बढ़े, रास्ता दो भागों में बंटा था। एक सड़क बद्रीनाथ को जा रही थी और दूसरी केदारनाथ को। पतली पतली सड़कें दोनो तरफ से कारों की लम्बी कतार, बसें और ट्रक भी उसी लाइन में चल रहे थे। टैक्सी में मैं और मेरे पति थे। मुझे तीर्थयात्रा करना बहुत अच्छा लगता है। एक मन में शुद्ध पवित्र आध्यात्मिकता का भाव जगता है , तो दूसरी ओर प्रकृति और पर्यावरण के सान्निध्य में रहने का सुख प्राप्त होता है। हमारे ऋषि मुनियों ने शायद यही सोचकर चार धाम तीर्थ यात्रा, बारह ज्योर्तिलिंगों, इक्यावन शक्तिपीठों की अवधारणा रची होगी। इस तरह से इतिहास, भूगोल, साहित्य, संस्कृति का समन्वय हो सकेगा।

मैं इन्हीं विचारों में बैठी सोच रही थी कि मेरे पति शर्माजी ने कहा, 'देखो नदी कितनी गहरी है और लोगों ने इससे बिलकुल सटाकर मकान बनाए हैं। मुझे तो पानी के तेज बहाव और उसकी आवाज़ से डर लगता है। तुम्हें जाने क्या मज़ा आता है जब देखो घूमने की बातें करती रहती हो।

तुम्हें क्या परेशानी हो रही है ? आराम से टैक्सी में बैठे हो, रहने के लिए रात में कितने शानदार होटल में रूके थे नदी किनारे का दृश्य कितना सुन्दर लग रहा था। छह मंजिला होटल था बिलकुल स्वर्ण रेखा नदी के किनारे। गढ़वाल का श्रीनगर भी कश्मीर के श्रीनगर से कम नहीं है।

हाँ पिछली बार पंद्रहसाल पहले तो गिने चुने घर थे। दो चार धर्मशालाऐं थीं। गाड़ियों की ऐसी भरमार नहीं थी। हम लोग भी बस से

ही आए थे। बस में कई स्टेट के श्रद्धालु थे। महाराष्ट्र वाले बाबाजी की याद है। इतनी सर्दी में भी नंगे बदन ही पैदल चले थे। हम लोग उन्हें सांइ कहते थे। बेचारे सबसे पीछे रह जाते थे पर कहते किसी से कुछ नहीं थे। वाकई बहुत भले थे। बस के सभी 48 यात्री कैसे इकट्ठे होकर एक ही जगह खाना खाते थे। बिलकुल एक परिवार की तरह हो गए थे। पर अब तो जितने परिवार उतनी गाड़ियाँ, पजेरो, बलेरो,टवेरा, टाटा सूमो , जैसे कोई होड़ लगी है। अच्छा तुम बताओ तुम्हें यह श्रद्धालु लग रहे हैं। मुझे तो पिकनिक मनाने आए जैसे ज़्यादा लग रहे हैं।

पुराने ज़माने में जब लोग तीर्थयात्रा को जाते थे तब सब कुछ छोड़कर चना चबेना, सत्तू लेकर जाते थे। आज हर सौ कदम पर होटल खुला है।तरह तरह की खाने पीने की चीजें बिकती हैं।पॉलीथीन के पैकेट जहाँ तहाँ फैले पड़े हैं । आजकल इतने छोटे बच्चों को ले जाने की क्या जरूरत है। यह गोदी वाले बच्चे तो कुछ समझ भी नहीं सकते, उल्टे ठंड और लग जाएगी। पहाड़ों के मौसम का वैसे ही कोई भरोसा नहीं रहता। न जाने कब बरसात होने लगे, कब बर्फ पड़ जाए। लैंडस्लाइड तो होते ही रहते हैं। देखो न जब तब अखबारों में छपता रहता है, चट्टान गिरने से तीर्थ यात्री फंसे, बस नदी में गिरी, वगैरा।

आगे वाली पजेरो रूक गई थी। यहाँ सड़क कुछ चौड़ी थी और भी कई गाड़ियों वाले लोग नीचे उतर आए थे। फोटो खिंचवा रहे थे। पजेरो से दो औरतें दो आदमी और दो बच्चे उतरे। औरतों की उम्र तीस पैतीस वर्ष और बच्चे छह सात वर्ष के लग रहे थे। उन्हें देखकर कर ही लग रहा था कि काफी पैसे वाले होगें। सोलह लाख की गाड़ी लेकर जो चलेगा वह अमीर ही होगा। शर्मा जी तो सड़क किनारे बनी दीवार पर बैठ गए। मैं फोटो खींचने लगी।

तभी वह लोग बोले हमारी ग्रुप फोटो कैसे आएगी? आंटी आप हमारी फोटो खींच देंगी। मैंने कहा, हाँ-हाँ क्यों नहीं?

अंशु तुम बड़े डैडी के साथ खड़े हो और मैं पापा के बगल में खड़ा होऊँगा।

बड़ी मम्मी, बड़े पापा, मम्मी पापा आइए आंटी हमारी फोटो खींच देगीं।

फोटो खींचते-खींचते ही उन्होंने हमें बताया कि वह दोनों भाई अपने परिवार समेत अपनी कार से आए हैं। बच्चों की छुट्टियाँ थीं, सोचा चलो घूम भी आएंगे। वैसे मैं अपना परिचय बता दूँ,-'मेरा नाम उमाकान्त है और यह मेरे बड़े भाई शिवाकान्त हैं। मैं लखनऊ मे पी०डब्लू०डी० मेएक्सीक्यूटिव इंजीनियर हूँ और भाई साहब का दिल्ली में रेडीमेड गारमेंट का शो रूम है।'

'अरे!, हम भी लखनऊ से ही आए हैं। स्टेशन के पास ही घर है। कभी आइएगा।' यह कहकर हमने अपना विजिटिंग कार्ड दिया। उन्होंने भी अपना परिचय पत्र हमें दिया। थोड़ी देर में ही हम लोग ऐसे बातें करने लगे जैसे कितनी पुरानी रिश्तेदारी हो।

दस पन्द्रह मिनट रूकने के बाद हम फिर आगे बढ़ने लगे। मौसम में ठंडक बढ़ गई थी और आसमान में काले घने बादल छाने लगे थे। शर्मा जी ने कहा, 'देखती नहीं हो बरसात होने वाली है।' हमारा टैक्सी ड्राइवर पहाड़ का ही था। शायद उसे मौसम की अच्छी जानकारी रही होगी। बोला हमारा कहना मानिए, साहब इस समय आगे बढ़ना ठीक नहीं है। लैंडस्लाइड हो गया तो फंस जाएगें। थोड़ी देर देख लेते हैं ठीक रहेगा, तो फिर चलेंगे।

शर्मा जी को गुस्सा आ रहा था। उन्हें वैसे भी मेरी तरह एडवेंचर करने का कोई शौक नहीं, 'बोले हाँ-हाँ, तुम वापस चलो।

मैंने कहा, 'वह देखो उमाकान्त जा रहे हैं कि नहीं। तुम ऐसे कह रहे हो।'

उन्हें जाने दो और तुम्हें ज़्यादा जाने की फिकर हो तो तुम भी चली जाओ। हम लोग वापस आ गए। रूद्रप्रयाग में भाई साहब का भी घर था।

अभी दो घंटे भी नहीं बीते थे कि एकाएक धड़ाम की आवाज हुई, ऐसा लगा जैसे प्रलय आ गई हो। हमारे सामने पहाड़ टूट टूट कर गिर रहे थे। मकान ताश के पत्तों की तरह ढहे जा रहे थे। ऐसा भयंकर दृश्य पहले कभी देखा नहीं था। बस नदी का गर्जन पहाड़ों की दहाड़ सब कुछ मिट रहा था।

नदी इतनी तेजी से बह रही थी कि लग रहा था जैसे समूची धरती को बहा ले जाएगी। हमें खुद पता नहीं था कि हम जिन्दा हैं या मर चुके हैं। आधे घंटे की प्रलय के बाद जब हमें होश आया, हमने महसूस किया कि

इसे ईश्वर का करिश्मा कहें या कुदरत का कहर, हमारे चारों ओर इमारतों के मलबे का ढेर था। जिस जगह पर हम रूके थे, वहाँ से दहाड़ती हुई नदी सामने दिखाई दे रही थी। अपनी आँखों पर हमें भरोसा नहीं हुआ।

नदी में बड़ी बड़ी चट्टानें टूट कर गिर पड़ी थीं। कई कारें नदी में तैर रही थीं। अभी कुछ देर पहले जहाँ शानदार होटल था, बिल्डिगें थीं वह सब खंडहर में बदल चुकी थीं। बिजली पानी सब गुल हो गए थे। सामने की सड़क टूट गई थी। खुद हमारी टैक्सी का कोई पता नहीं था। हम कैसे बच गए, हमें खुद मालूम नहीं। आज भी उस घटना की याद दिल दहला देती है। दो दिन बाद किसी तरह ऊँचे नीचे पहाड़ों पर पैदल चलकर मीलों तक थके मांदे किसी तरह वापस हरिद्वार पहुँचे। अखबार, रेडियो, टी वी, सब उत्तराखण्ड की त्रासदी से भरे पड़े थे। हमें अपने साथ वाले उमाकान्त, शिवाकान्त की याद आई। उनका विजिटिंग कार्ड पर्स में था। मोबाइल नं० पर बहुत बार फोन मिलाया मगर कोई खबर नहीं मिली। आज वही उमाकान्त मेरे सामने थे जिनकी मैंने कल्पना नहीं की थी।

उमाकान्त जी को देखकर मुझे बहुत दुःख हुआ। अभी मात्र साल भर भी नहीं बीता था। कितने लम्बे चौड़े, खूबसूरत नौजवान थे। आज बड़ी मुश्किल से बैसाखी का सहारा लेकर चल पा रहे थे। चेहरे से भी बूढ़े और बीमार लग रहे थे। बैठते ही रोने लगे।

क्या बताऊँ मेरी तो दुनिया ही उजड़ गई। तीर्थ यात्रा पर सपरिवार गया था। शंकर भगवान का आर्शीवाद पाने के लिए पर जाने किन जन्मों की सजा मुझे भोलेनाथ ने दे डाली। मैंने तो किसी का कभी कुछ नहीं बिगाड़ा। कुछ देर बाद संयत हुए तो बोले उस दिन आप लोग तो वापस लौट आए थे मगर हमने सोचा थोड़ी देर की बात है , काले बादल आ रहे हैं , थोड़ी देर बरस कर चले जाएगें। यही सोचकर मुश्किल से चार कि०मी० ही आगे चले होंगे कि एकाएक एक बड़ी सी चट्टान टूट कर गिर पड़ी। जब तक ड्राइवर कुछ बचाता चट्टान हमारी कार के ऊपर गिर पड़ी, मगर संयोग की बात थी कि उस चट्टान से हमारी कार को तो नुकसान हुआ पर हम लोगों को कुछ ज्यादा चोट नहीं लगी।

किसी तरह बड़ी मुश्किल से कार से बाहर निकले। मगर आगे का रास्ता बन्द हो चुका था। सड़क पर चारों तरफ मलबा फैला हुआ था, न

आगे जा सकते थे और पीछे का रास्ता भी बन्द हो चुका था। घनघोर बरसात होने लगी। चट्टानें खिसक रहीं थीं। चारों ओर प्रलय जैसा लग रहा था। गंगा नदी में जैसे तूफान आ गया था। देखते ही देखते कई गाड़ियाँ तो नदी मे गिर गईं। मेरे सामने एक ट्रक सीधा नदी मे जा गिरा। भगवान जाने शायद ही कोई बचा होगा। हम सब लोग किसी तरह एक दूसरे का हाथ पकड़कर जान बचाने के लिए पहाड़ पर चढ़ने लगे। बड़ी मुश्किल से थोड़ा सा ही ऊँचाई पर चढ़े थे कि सर्दी के मारे खड़े हो पाना मुश्किल हो रहा था। हमारे स्वेटर, कोट सब भीग गए थे। यहाँ तक कि हमारे पर्स भी भीगे जा रहे थे। सब कुछ संभालना मुश्किल हो रहा था।

मेरा बेटा अंशु शिवाकान्त भाई साहब का हाथ पकड़ कर चल रहा था। उनकी बीबी से एक कदम भी चलना मुश्किल हो रहा था। क्येकि वह तो वैसे भी अक्सर बीमार रहती थीं। वह तो हम लोग उन्हें जबरदस्ती ले आए थे। भाई साहब बोले, 'मैं अंशु के साथ हूँ, तुम भाभी और अंकुर को पकड़ कर ले जाओ।' अंशु रोने लगा। उसके कपड़े पूरी तरह भीग चुके थे, वह ठंड से कांप रहा था। हमारे आस पास कोई नहीं था। हम लोगों को कुछ समझ नहीं आ रहा था कि हम क्या करें। बस यूँ हीं पहाड़ पर पत्थर पकड़ पकड़ कर चढ़ते जा रहे थे। कहीं कोई छिपने का ठौर ठिकाना मिले पर वहाँ भला क्या था। बरसात कुछ थमने लगी थी। हम लोगों ने सोचा चलो नीचे की साइड उतरने की कोशिश करें, शायद कोई गाड़ी या यात्री वगैरा मिल जाए। रास्ता बुरी तरह फिसलन भरा था। किसी तरह कदम कदम रख रख कर कुछ नीचे उतरे पर वहाँ की जो हालत देखी उससे हमारी हिम्मत टूट गई।

सड़क पर जगह जगह पेड़ गिर गए थे। चट्टानों के गिरने से कई गाड़ियाँ भी दब गईं थीं। देखकर लग रहा था कि शायद कोई नहीं बचा होगा। एक आदमी बुरी तरह चीख रहा था। उसका पैर चट्टान के नीचे दब गया था।अपना पैर न वह निकाल पा रहा था, न कोई और भी उस तक मदद के लिए पहुँच पा रहा था क्योंकि चट्टान वह हिस्सा बिलकुल नदी में लटका था और किसी भी क्षण नदी में गिर सकता था। ऐसा भयंकर दृश्य कभी नहीं देखा। मेरा बेटा लगातार रो रहा था। मेरी पत्नी किसी तरह उसे अपनी शाल से ढंकने की कोशिश कर रही थी। मेरा दिल

टूक टूक हो रहा था। दस घंटे से अधिक हो चुके थे, हमारे मुँह मे अन्न का दाना भी नहीं गया था। दूर दूर तक उम्मीद की कोई किरण नहीं थी हालांकि हमारे पर्स सुरक्षित थे। हमारे पास पैसे भी थे, मोबाइल भी थे, मगर सब व्यर्थ थे। मोबाइल में कोई सिगनल ही नहीं थे। जब कहीं कुछ मिलेगा ही नहीं तो पैसे से क्या खरीदोगे। आज हमें पैसों की निरर्थकता समझ में आ रही थी। आज लग रहा था कि विज्ञान चाहे कितनी तरक्की क्यों न कर ले, ईश्वरीय सत्ता के आगे सब कुछ निरर्थक है।

कहीं-कहीं से कुछ रोने चिल्लाने की आवाजें मन में दहशत पैदा कर रही थीं। हमें नहीं मालूम कि कहाँ , कैसे यह सब हो गया। मेरा बेटा अंशु अपने ताऊजी के साथ चल रहा था, अचानक एक चीख सुनाई दी पापा ! उसका पैर फिसल गया। मेरे सामने वह फिसल कर लुढ़का । जब तक मैं कुछ समझ पाता एक बड़ा सा पत्थर मेरे बेटे के ऊपर गिर पड़ा। वह वहीं दब गया। एक चीख और मैंने भागने की कोशिश की मगर मैं कुछ नहीं कर सका। मेरा बेटा! यह कहकर वह चीख कर रोने लगे। उनकी व्यथा सुनकर मेरा दिल फटा जा रहा था। मैंने उनको बड़ी मुश्किल से चुप कराया ।

फिर कहने लगे कि यह सब देखकर मेरी बीबी बेहोश हो गई। हमारे पास पानी की एक बूँद तक नहीं थी। होश में आने पर वह चीखने लगी, 'मेरा बेटा कहाँ है ? उसे लाओ, भगवान ऐसा नहीं कर सकते।' धीरे धीरे अंधेरा होने लगा था। इतनी सर्दी हम लोग कांप रहे थे। मैं ईश्वर से प्रार्थना कर रहा था कि हे प्रभु! मुझे भी उठा लो पर प्राण कहाँ निकलते हैं। कब रात कटी मुझे पता नहीं। सबेरा होते ही कुछ चीलें मंडराने लगीं। लगा पहाड़ पर पड़ी लाशों को खाने के लिए झपटने लगीं थीं। उजाला होने पर मैंने देखा थोड़ी दूर पर मेरी बीबी पड़ी थी। मैंने शोभा-शोभा कहकर उसे हिलाया डुलाया पर लगा कि वह भी मुझे छोड़ कर जा चुकी थी। मेरे परिवार के बाकी लोगों के बारे में मुझे कुछ पता नहीं था। अपनी मरी हुई बीबी के पास मैं बैठा रोता रहा । लगा अब क्या करूँ? मेरे प्राण भी नहीं निकल रहे थे। किसी तरह घिसट-घिसट कर चलने लगा। कई बार मेरा पैर लाश पर पड़ जाता था।

कुछ लोगों को शायद कम चोट लगी थी। वे किसी तरह बचते बचाते निकलने की कोशिश कर रहे थे कि शायद कोई उनकी मदद को आए ।

दो दिन इसी तरह बीत गए। तभी हमें कुछ आसपास के गांव जैसे लोग आते दिखाई दिए। हमने सोचा शायद हमारी मदद को आए होगें पर यह क्या आते ही उन्होंने हमारी तलाशी ली हमारे पैसे घड़ी मोबाइल छीन लिए। मेरी आँखों के सामने लाशों से उनके जेवर छीन लिए। एक औरत का कंगन खींचने पर भी नहीं उतरा तो उन लोगों ने हाथ ही काट दिया। फिर वे न जाने कहाँ चले गए। हमारी जिन्दगी मौत से बदतर थी।

उस दिन मुझे समझ में आ रहा था कि आदमी की जान कितनी कट्टर होती है। वह कैसे कैसे दुख सह लेता है। तीसरा दिन हो चला था। अब मुझमें खड़े होने की ताकत भी नहीं बची थी, इतने घोर दुख में भी मुझे तेज भूख लग रही थी। तभी मैंने देखा कि कुछ कदम पर एक औरत मरी पड़ी थी उसके पर्स में मुझे कुछ खाने का पैकेट दिखाई दिया। मैंने वहाँ पहुँचने की कोशिश की तभी एक बड़ा सा पत्थर लुढक कर आ गया। मेरा पैर उसमें दब गया। उसके बाद क्या हुआ मुझे पता नहीं।

जब होश आया तो मैं अस्पताल में था। डाक्टरों ने बताया कि पैर में इन्फैक्शन होने के कारण मेरा पैर काट दिया गया था। किसी तरह वापस घर आया। भाई साहब बच्चों का कुछ पता नहीं चला। जीने की इच्छा नहीं रही है पर जब दूसरों के बारे में सोचता हूँ तो ईश्वर की मर्जी सोचकर सब्र कर लेता हूँ। मैंने कई चक्कर लगाए, कहाँ कहाँ जाकर नहीं ढूँढा पर मेरे परिवार का कोई पता नहीं चला। न जाने कितनी लाशें नदी में बह कर कहाँ पहुँची पता नहीं। पिछली बार जब गया तो अस्पताल के बाहर एक औरत मरी पड़ी थी और उसका पांच साल का बच्चा उसके पास ही बैठा रो रहा था। किसी को कुछ पता नहीं किसका बच्चा था। डाक्टर ने कहा, अगर कोई इसे पाल सके तो अच्छा है। मैंने सोचा मेरा बेटा तो रहा नहीं क्या पता उसी के रूप में ईश्वर ने इसे मेरे पास भेजा हो। मैंने डाक्टर से कहा, हाँ इसे मैं पालूँगा। अगर इस बीच इसके माँ-बाप का कुछ पता चल जाएगा तो इसे वहाँ पहुँचा देगें। वह बच्चा मेरे पास ही है।

वहाँ की त्रासदी अखबारों की बहस, टी वी पर दिल दहला देने वाली तस्वीरें देखकर सोचा कि मेरा तो सब मिट ही गया अब भला किसके

लिए कुछ करूँ पर लगा कि अपने लिए ना करूँ दूसरों के लिए ही जिऊँ , यही सोचकर एक ग्रीन हाउस संस्था बनाई है जिसके माध्यम से लोगों को पर्यावरण के प्रति जागरूक करता हूँ जिससे समय रहते लोगों को विनाश लीला से बचा जा सके।

ईश्वर का अन्याय था या प्रकृति का बदला था। आदमी ने पहाड़ों पर जितना अतिक्रमण किया है, जितना उसने ड्रिल मशीनें चलाकर अत्याचार किया है , वृक्षों को काटा, नदियों को मोड़ा ,भारी भरकम बांध बनाए , उन सबका प्रकृति ने मनुष्य को दंड दिया है। मैं पर्यावरण जागरूकता अभियान से जुड़ा हूँ जिससे फिर कभी उत्तराखण्ड त्रासदी न हो तथा न ही मेरी तरह किसी का परिवार उजड़े।

मैंने कहा हाँ यह अच्छी बात है।जो चले गए वे वापस नहीं आ सकते पर जो हैं उन्हें तो सुधार लाने का प्रयास अवश्य करना चाहिए । मैं भी आपके साथ पर्यावरण बचाओ अभियान तथा समाज सेवा के कार्य में शामिल होना चाहती हूँ।

11

पुनरावृत्ति

विगत कई दिनों से मैं देख रहा हूँ कि शैला का व्यवहार दिन प्रतिदिन अधिक उच्छृंखल होता जा रहा है। उसकी बेरूखी, धन की लिप्सा बढती जा रही है। मेरी घर में उपस्थिति या अनुपस्थित का कोई महत्व ही नहीं। या तो अपने बेटे राहुल के साथ लगी रहती है या अपने अस्पताल के कार्यो में। घर पर भी बस अस्पताल और मरीज। मुझे किसी चीज़ की आवष्यकता भी है उसे उसका होष कहाँ ? मुझसे बात करने के लिए दो ही विषय हैं या तो फलां-फलां चीज लानी है, उसका बिल देना है या साड़ियों की फ़रमाइष। अगर कहीं मैं नाराज होता हूँ तो बस प्रस्तुत हो जाती है जैसे मैं व्यक्ति न होकर कोई यंत्रचालित मषीन होऊं। शरीर और भौतिकता से परे कोई चीज होती है इसको समझने की जरूरत ही नहीं। मन की शांति और प्यार की तलाष के लिए क्या-क्या नहीं छोड़ा और क्या मिला ?

अभी परसों की बात है जाने किसको साथ में ले आई। लगभग आधे घंटे तक मेरे सामने ही बिना यह सोचे कि मैं भी वहीं बैठा हूँ उससे कैसी बातें कर रही थी। वह भी जाने कैसा आदमी था बोलते-बोलते कभी पीठ पर तो कभी शैला के गाल पर हाथ मार रहा था और शैला को तो जैसे कुछ बुरा ही नहीं लग रहा था कैसे हुक्म चलाने वाले अंदाज में कहा सुनो राहुल तुम जरा गैस देख लेना मैं इन्हें छोड़ कर आती हूँ। कितनी देर में लौटी थी और जब मैंने कहा तो छूटते ही बोली तुम्हें तो शक करने की

आदत है पैसे कमाने के लिए बहुत कुछ करना पड़ता है। मेरे प्रोफेषन में कोई इन बातों को बुरा नहीं मानता। मैंने कहा भला पैसों की ऐसी कौन सी तंगी है जो तुम्हें इस स्तर तक जाना पड़ रहा है। छूटते ही बोली, है ही क्या तुम्हारे पास। वह तो मैं ही थी जो तुमसे शादी कर बैठी। सब कुछ तो पहले ही गवाँ चुके थे ऐसे न होते तो फिर शोभा से क्यों नहीं पटती तुम्हारी। न जाने कौन सी मनहूस घड़ी थी जो तुम मिले। इससे तो किसी और के साथ रही होती तो अच्छा था।

शोभा से पटी नहीं आज जब इसका आकलन करने बैठता हूँ तो लगता है कहीं कुछ गलत निर्णय हो गया था। अपने पुरूषत्व के अंह में मैं भूल गया था कि वह एक नारी है देवी नहीं। फिर मैं भी कौन सा देवता था पर शोभा को हर दिन झुकाने को जो भूत सवार हुआ उसकी परिणति क्या से क्या हो गयी।

मन के किसी कोने में कसक उठती है क्यों नहीं मैंने अपनी ज़िद छोड़ दी थी ? क्या कमी थी भला ? क्या आज भी उसके मुकाबले में किसी को बेहतर पा सका ? क्यों मेरे अन्दर ईर्ष्या की भावना सिर उठती रहती थी ? सचमुच क्या शोभा प्रखर व्यक्तित्व की नहीं थी ? उसकी विनम्रता, गृहकुषलता क्या सराहनीय नहीं थी ? मेरे सभी मित्र तो उसके प्रषंसक थे। आज लगता है उसकी जिस प्रषंसा को मैं घृणा के नज़रिए से देखता था अगर वह उस समय सुधर गयी होती तो कितना अच्छा था। शैला को देखो उसको मैंने आश्रय दिया जो कुछ धन था वह भी दे दिया। समाज के सारे नियमों उपनियमों को ताक पर रख दिया और मिला क्या सिर्फ ताना कि दिया ही क्या है ? शोभा के साथ तो बारह साल बीते मगर शैला ने दो सालों में ही मेरे आत्म-सम्मान को क्या-क्या ठेस पहुँचायी है ? मात्र पशु ही बनकर रह गया हूँ मैं।

शोभा से बदला लेने की हिंसा ने ही मुझे कहाँ से कहाँ पहुँचा दिया। घर से बाहर तक आज भी मेरा अस्तित्व शोभा के साथ ही जुड़ा हुआ है। क्या कम अत्याचार किए थे बेचारी पर फिर यदि उसको मुझ पर विष्वास नहीं रह गया था तो इसमें उसका क्या कसूर था। उसकी भावनाओं का क्या सम्मान किया। शोभा के लिए यह कहने पर कि नर-नारी एक दूसरे के पूरक होते हैं मैं उसकी इस व्याख्या को सिर्फ साहित्यिक चर्चा और

अव्यावहारिक मूर्खता कहकर ही कटाक्ष करता रहता था।

आज सोचता हूँ तो लगता है कि शोभा के व्यक्तित्व के आगे निश्चय ही मेरा व्यक्तित्व काफी बौना नज़र आता है। शायद यही मन की कुठा थी जिसने कभी भी मुझे नार्मल विहेब नहीं करने दिया। उसके किसी भी गुण को स्वीकार करने में जैसे मुझे अपमान का अनुभव होता था। उसकी सक्षमता से मुझे चिढ़ होती थी और हर दम नीचा दिखाने के लिए हर कार्य का बोझ उसी पर लाद देता था। शैला को देखो कुछ भी नहीं करना चाहती सबकुछ मैं ही करता हूँ पर मेरे किसी भी कार्य को सराहना के स्वर में स्वीकारना ही नहीं चाहती।

मैंने दुनिया के सामने कितनी बार चीख-चीख कर आरोप लगाए थे कि शोभा और रंजीत का क्या संबंध है ? शोभा क्यों नहीं रंजीत को छोड़ देती। आज जब सब कुछ पीछे छूट गया है तब लगता है कि मैंने क्या देखा था ऐसा जिसको लेकर इस स्थिति में पहुँच गया। दुनिया के सामने भले ही शोभा को गलत सिद्ध किया हो पर अपनी अन्तरात्मा में कहीं खुद को ही अधिक दोषी पाया है। रंजीत मेरा दोस्त था। कितना

विष्वास था मुझे। शोभा से कितनी बार इस बात पर बहस भी हुई थी कि रंजीत को इतना घनिष्ठ मत बनाओ। हमारे-तुम्हारे साथ हर रंजीत को जाने की जरूरत क्या है। पर मुझे तो शुरू से ही जाने क्या सनक रही है कि जिसे अपना मान लिया तो मान लिया। इसी बात पर शोभा बार-बार मना करती थी। रंजीत को अपने घर का इतना क्लोज शायद मैंने ही बनाया था। शोभा को हर काम के लिए रंजीत पर निर्भर करने का दोषी शायद मैं ही था। पुरानी कहावत शोभा ने कितनी बार दोहराई थी स्त्री और जमीन जब जिसके अधिकार में होते हैं उसी के हो जाते हैं पर नहीं, मुझे विष्वास था रंजीत पर। एक आदर्ष पुरूष मान बैठा था मैं। आदर्ष क्या होता है ? कुछ नहीं। मानव मन आखिर शरीर का एक हिस्सा ही तो है जो कि सदैव परिस्थितियों से प्रभावित होता रहता है उसे पत्थर की तरह अप्रभावी मानने की कल्पना असहज नहीं तो क्या है फिर मेरा व्यवहार भी तो शोभा के प्रति कितना असहिष्णु ही था, ऐसे में सिर्फ शोभा से हर आर्दष की मेरी कल्पना अयर्थाथ नही तो क्या थी ?

मगर मैं उसे देवी बने देखना चाहता था। क्यों भूल गया था कि देवियाँ दफ्तर नहीं जाती। उन्हें बच्चों के पालन-पोषण की रोज़-मर्रा की हाय तौबा वाली ज़िन्दगी, घुटन भरे माहौल में नहीं पिसना पड़ता। वह तो कल्पना ही है किसी के विचारों की और कल्पना को वास्तविक जगत में आने में क्या-क्या झेलना पड़ता है फिर उनका क्या स्वरूप रह जाता है फिर शोभा को सिर्फ सीता के रूप में मानना मेरा कहाँ का न्याय था जबकि खुद इन्दु, चित्रा, रंजना से मेरा रिष्ता था।

विचार हैं कि दौड़ते रहते हैं अनवरत रूप से अब जबकि स्वेच्छा से बलपूर्वक शोभा से अलग रहने का फैसला कर लिया है। उस समय तो बस शैला मुझे अपनी कल्पना का साकार रूप नज़र आती थी। क्या फायदा है अब सब कुछ सोचने का। सोचा तो उस समय भी नहीं जब सबने एक स्वर से मुझे समझाया था कि शैला से मिलकर तुम कभी सुखी नहीं रह सकते। मैंने कहा था कि क्या ज़रूरी है कि जिन्दगी में एक बार गलती हो जाए वह सुधर नहीं सकती। क्या सुधरी, शायद मैं-सिर्फ मैं।

मेरे और शोभा के बीच जो युद्ध था वह मेरे विचारों का था। ऐसे युद्ध में किसी की हार जीत नहीं होती सिर्फ संबंधों की हार होती है। आज मेरा शोभित मुझसे दूर हो गया, शोभा चली गई तो मैंने जाना कि शैल से मिलकर क्या पाया।

शोभा ने कहा था राहुल फिर सोच लो अभी तुम्हें शैला सर्वगुण-सम्पन्न लग रही है क्योंकि वह तुम पर अपना अधिकार नही समझती मगर तब जब तुम उसे मेरा स्थान दे दोगे तो सिर्फ एक पुनरावृत्ति मात्र होगी जीवन की। मैंने कहा था अपनी सोचो मेरी फिक्र मत करो, मुझे विष्वास है मेरा जीवन सुखी होगा।

मगर आज-लगता है कहीं दूर चला जाऊँ, पर कहाँ ? शायद शोभा ने ठीक ही कहा था पुनरावृत्ति मात्र होगी जीवन की ....।

12

स्विच ओवर

चलिए शर्मा जी आज आप हमारे घर चलिए। आपको आपकी भाभी जी के हाथ की चाय पिलवाते हैं। क्यों परेशान करेंगे घर वालों को । परेशानी की क्या बात है । क्या करें भई हमारी आदत ही ऐसी पड़ गई है कि जब तक ये हमें अदरक वाली चाय बनाकर नहीं पिलातीं तब तक दफ्तर की थकान ही नहीं उतरती। तीस साल से जीवन का यही क्रम चलता आ रहा है।जवानी से बुढ़ापा आ गया ।

देखिए अड़ोस पड़ोस की दुनिया बदल गई। पहले मुहल्ले में गिनती के दो चार घर थे सब एक दूसरे को जानते थे। अक्सर शाम सुबह एक दूसरे से मिल ही जाते थे। दुआ सलाम हो जाती थी पर अब तो पता ही नहीं चलता कि आखिर पड़ोस मे कौन रह रहा है। अब यह दो ही चार घर पुराने बचे हैं, वरना सभी बिक गए। पहले इस मुहल्ले में बड़ी बड़ी कोठियाँ थीं, आम के बगीचे थे । अब तो बस यहाँ ऊँची ऊँची बिल्डिंग बन गई हैं। जहाँ एक कोठी थी ज्यादा से ज्यादा आठ दस लोग रहते थे अब वहाँ दस मंजिल ऊँचा अपार्टमैन्ट बन गया है। चालीस फ्लैट बन गए हैं। ऐसा लगता है जैसे माचिस की डिबिया से एक के ऊपर एक रखे हुए हैं । पहले घर दूर दूर थे पर लोग पास पास थे मगर अब घर पास पास हैं मगर लोग दूर दूर हो गए हैं। बगल वाले फ्लैट में कौन रह रहा है पता ही नहीं चलता।

सही कह रहे हैं आप । हम भी तो अभी दिल्ली आए हैं। वह तो अच्छा है कि आप से जान पहचान हो गई है। दिन भर न सही कम से कम शाम सुबह तो मुलाकात हो ही जाती है। कुछ आपकी सुन लेते हैं कुछ अपनी कह लेते हैं। वरना उन्हीं तीन कमरों मेघूमते घूमते मेरा दिल घबराने लगता है।

पहले आप कहाँ थे ? लखनऊ में । क्या अच्छी खासी हमारी जिन्दगी थी। सारी उम्र शान से अफसरी की बड़े खुश थे। रिटायरमैन्ट के बाद ठाठ से रहेगें, घूमेगें-फिरगें, पर क्या बताएं तकदीर ही खराब थी। तीन साल पहले मिसेज को कैंसर हो गया। बहुतेरा इलाज कराया पर सब कुछ इंसान के बस में कहाँ होता है। यह मुझे छोड़कर चली गईं।

बच्चे नहीं हैं क्या ?

दो बेटे हैं। बड़ा अमेरिका में है, छोटा यहीं इंडिया में।

आप भाग्यशाली हैं ।ऐसे लायक बेटै हैं आपके । क्या आप कभी अमेरिका गए हैं ?

हाँ । दो साल पहले अमेरिका गया था बड़े शौक से।

कैसा लगा?

पहले तो अमेरिका जाने में ही हालत खराब हो गई।

क्या ऐसा था?

सारी जिन्दगी रेल से सफर किया था। बड़ी तमन्ना थी कि हवाई जहाज मे बैठेंगे। ईश्वर की दया से बच्चे बहुत लायक निकले। हवाई जहाज में बैठने की तमन्ना भी पूरी हो गई। पर हवाई जहाज में बैठकर 32 घंटे का सफर तय करके अमेरिका पहुँचने में ही हालत खराब हो गई। लगा इससे अपनी रेल बहुत अच्छी थी। वाकई चीजें जो बड़ी आकर्षक लगती हैं जब उन्हें परखो तभी उनके सुख दुख का पता चलता है।

कैसा लगा अमेरिका में ?

जैसे तैसे दो महीने वहाँ काटे। मन ही नहीं लगता था। आखिर करें भी क्या। न कोई काम न कोई मिलने वाला। बहू बेटे दोनों नौकरी करने वाले। जिन्दगी बिलकुल मशीन। घर में कभी एक गिलास पानी लेकर नहीं पिया पर वहाँ कौन बैठा था। वहाँ सभी लोगों को घर के काम खुद ही करने पड़ते हैं। लाख डिश वाशर हो पर बर्तन खुद तो अपने आप चलकर

धुल नहीं जाएगें। खाना बनाने से लेकर सफाई तक जब बेटा बहू खुद करते तो मैं क्या करता मुझे भी जुटना पड़ता था। मेरा मन ऊब गया, वापस लौट आया।

क्या अब फिर से अमेरिका नहीं जाएंगे ।

अब वहाँ तो जाऊँगा नहीं। क्या करूँगा वहाँ जाकर । पिछली बार ही दो महीने बड़ी मुश्किल से काटे थे ।

यहाँ दिल्ली कैसे आना हुआ ?

छोटा बेटा कहने लगा यहाँ अकेले पड़े पड़े क्या करोगे चलो मेरे साथ दिल्ली चलकर रहो। मैं सच बताऊँ मैं अकेला ही खुश था । मन तो नहीं था पर क्या करता सभी रिश्तेदार कहने लगे कि अकेले क्या करोगे कुछ हो गया तो। मजबूरी में आना पड़ा। बेटा पिछली बार किसी अच्छी बड़ी कम्पनी में था। मेरे हिसाब से तो ठीक ही थी। गज़ियाबाद में अच्छा खासा घर ले रखा था। मेरा भी मन लगने लगा था। शाम सवेरे सामने के पार्क में चला जाता था। कुछ गपशप हो जाती थी। पर बेटे को लगा कि नहीं इस कम्पनी से ज्यादा चैन्नई वाली कम्पनी का पैकेज अच्छा है।

सच में यह पैकेज बड़ी मुसीबत बन गया है। जब देखो तो स्विच ओवर करते रहते हैं ।

हाँ बेटे ने स्विच ओवर कर लिया। मैं क्या कर सकता था । मन मार के यहाँ आना पड़ा । वहाँ अड़ोस पड़ोस के लोगों से बड़ी दोस्ती हो गई थी। रोज शाम को हम तीनों , मैं ,अग्रवाल और सिन्हा जी गप मारते , पास के ढाबे पर जाकर चाय पी लेते थे। अग्रवाल जी की बीबी नहीं रही थीं। बेटा बहू दफ्तर चले जाते थे। पोता डे बोर्डिंग के स्कूल में रहता था। कई बार दोपहर में एक दूसरे के घर जाकर शतरंज की बाजी लगा लेते थे पर अन्तू ने कहा नहीं पापा आप समझते नहीं हैं मेरे कैरियर का सवाल है। यह इंडियन कम्पनी है यहाँ पैकेज कम है। एक ही जगह पड़े पड़े आदमी इनएक्टिव हो जाता है। हमारे जॉब प्रोफाइल में तो लोग छह छह महीने में कम्पनी बदल लेते हैं। देखिए कितने दिन दिल्ली में रहते हैं ।

अभी कुछ ही दिन बीते हैं कि कुछ दिन बीते हैं कि बेटे ने कहना शुरू कर दिया है कि , पापा मैं यह दिल्ली की कम्पनी चेंज करना चाहता हूँ की कम्पनी चेंज करना चाहता हूँ । मुझे यहाँ की वर्किंग अच्छी नहीं लग

रही । लोग भी ज़्यादा समझदार नहीं हैं ।

पर बेटे मैं और तुम्हारे खन्ना अंकल का तो साथ साथ अपॉइन्टमैन्ट हुआ सारी ज़िन्दगी साथ साथ नौकरी की । तुम्हें विश्वास नहीं होगा कि मेरे पिताजी और खन्ना अंकल के पिताजी भी साथ साथ काम करते थे । दोनों के परिवार एक ही मुहल्ले में रहते थे । शादी ब्याह .- तीज त्यौहार भी हम साथ साथ मनाते थे । तुम लोग जब देखो तो नौकरी बदल लेते हो । जब देखो तो शहर बदल लेते हो । इसीलिए तुम्हारा कोई दोस्त नहीं होता । इसीलिए तुम लोगों टैन्शन , फ्रस्टेशन , डिप्रैशन अधिक होता है । चाहें रिश्तों की जड़ें हों या पौधे की जड़ें , उन्हें जमाने में वक्त लगता है । तुम तो पौध लग नहीं पाती कि उसे उखाड़ कर दूसरी जगह रोपने लग जाते हो । पता नहीं कैसे तुम लोग हर दो तीन साल में स्विच ओवर कर लेते हो । क्या पुराने रिश्ते तोड़ने में तुम्हें कोई तकलीफ़ नहीं होती । क्या पैसा ही तुम्हें सब कुछ लगता है ।

पापा ! प्रोग्रैसिव होना क्या बुरी बात है ?

प्रोग्रैसिव होना बुरी बात नहीं है ?

पर इतना अधिक पैसे के पीछे भागना बेकार है । क्या लाभ उस पैसे से जिसमें न भावनात्मक गहराई हो और न मानसिक सुख । मैं रिश्तों में प्यार में विश्वास रखता हूँ । बड़ी मुश्किल से अपने मन को मना पाता हूँ। पिछली बार जब गाज़ियाबाद छोड़कर तुमने चेन्नई की कम्पनी ज्वाइन की थी तब बड़ी मुश्किल से मैंने अपने मन को मनाया था । वह अग्रवाल जी कितने उदास हुए थे । तुम्हारा समय तो दफ्तर में कट जाता है कम्प्यूटर और लैपटॉप पर सर्च करते । मगर मुझे तो लगता है मैं सिर्फ़ अपने पुराने दिनों को ही सर्च करता रहता हूँ। मेरा मन मुझसे विद्रोह करता है ।

पता नहीं आप लोग कौन सी विचार धारा के हैं । बस पुराने से ही चिपके रहते हैं । ज़्यादा अच्छा पैकेज होगा ज़्यादा सुविधाएं होंगी ।

बेटे किन सुविधाओं की बात करते हो ? बड़ा घर , बड़ी गाड़ी । तुम घर में कितनी देर रहते हो । घर में घुसने से पहले ही तुम्हारे टिकट बुक हो जाते हैं । महीने में कितने दिन तुम घर में रहते हो ? अब जब से बहू ने नौकरी ज्वाइन कर ली है तुम लोग हफ्तों एक दूसरे की शक्ल नहीं देख

पाते । क्या यही सुख है । न घर न परिवार । मैं बूढ़ा घर में पड़ा रहता हूँ। पोते को भी बोर्डिंग स्कूल में भेज दिया । क्या करूँ तुम्हारे पैकेज का । क्या तुम्हें मिल रहा है अपने पैकेज से । बस तुम पैसे की मृगतृष्णा के पीछे भाग रहे हो । मुझे तो लगता है मुझसे ज़्यादा ददृदा ही सुखी हैं आखिर उनके बेटा बहू उनके पास तो हैं । अब तो मुझे भी लगने लगा है कि इतनी ज़्यादा पढ़ाई व्यर्थ है । आदमी केवल मशीन बनकर रह गया है । कितना खरीदोगे पैसे से ? क्या क्या खरीदोगे पैसे से । मैं तो समझता हूँ कि मैं पहले ही सुखी था जब मैं और तुम्हारी माँ दो कमरे के मकान में रहते थे । एक दूसरे के नज़दीक तो थे । इस अठारह मंज़िल के मकान में जहाँ चाँद सूरज नहीं मिल पाते तो आखिर हम क्या मिलेंगे ।

ऐसा कुछ नहीं होता पापा ! जहाँ रहो वहीं लोग मिल जाते हैं । दोस्त बन जाते हैं । बस पास में पैसा होना चाहिए ।

क्या तुम्हें लगता है सारे रिश्तों की जड़ पैसा ही है । मैंने अग्रवाल जी को क्या दिया था क्या खन्ना जी ने मुझसे लिया था ? मेरे सीने में दर्द उठा था न तुम घर में थे न बहू थी । वही दोनों मुझे अस्पताल ले गए थे । और तो और टैक्सी का खर्चा और अस्पताल में भर्ती कराने का खर्च भी नहीं लिया था । बेटा पैसे से प्यार नहीं खरीदा जा सकता । चीजें सुख नहीं देतीं ।

पापा क्यों परेशान होते हैं ? कुछ ही दिनों में अच्छा लगने लगेगा । यहाँ कई सीनियर सिटीजन क्लब है। मैं आपको उनकी मैम्बरशिप दिलवा दूंगा ।

मैम्बर बन जाने से कहीं कोई आत्मीयता पैदा नहीं हो जाती । मेरा मन तुम्हारी तरह स्विच ओवर नहीं कर पाता ।

अच्छा आप खुद ही चलकर देख लेना । मेरी बात मानिए आपको वहाँ अच्छा लगेगा ।

ठीक है कोशिश करूँगा ।

अभी छह महीने भी नहीं बीते हैं और तुम फिर कह रहे हो कि यह बम्बई की कम्पनी छोड़कर दूसरी कम्पनी ज्वाइन करनी है ।

पापा यह अमेरिकन कम्पनी है । पूना ही तो जाना है । यहाँ का पैकेज बहुत अच्छा है । फ्लैट भी यहाँ कम्पनी वाले ही देंगे । मैंने शिफ्ट करने

का पूरा इन्तज़ाम कर लिया है । दो दिन बाद हम लोग पूना शिफ्ट हो जाएंगे ।

ठीक है तुम जाओ । अपने परिवार को भी ले जाओ । मगर मैं अब कहीं नहीं जाऊँगा । मैं वापस अपने पुराने मकान में रहूँगा । अरे वहाँ मेरे बेटे मेरे पास न सही मेरे आस पड़ोस वाले तो हैं जो मुझे बरसों से जानते हैं । वैसे भी मेरे पास पुरानी यादों के सिवा है क्या ? यह पुरानी यादें पुराने लोगों के साथ ही मैच करती हैं ।

पापा कोई परेशानी नहीं होगी । नया शहर नए लोग । देखना आपको अच्छा लगेगा ।

हो सकता है तुम ठीक कहते हो मगर तुम नए पैकेज के लिए स्विच ओवर करो मैं भी अब स्विच ओवर करना चाहता हूँ अपने पुराने पैकेज में । अपने पुराने घर में । मैं अब कहीं भी तुम्हारे साथ नहीं जाऊँगा । मैं केवल वापस स्विच ओवर करके अपने घर जाऊँगा। वहाँ से केवल भगवान के घर के लिए ही स्विच ओवर करूँगा ।

13

अब बस

आंटी जी पाँच सौ रूपइया दै दो ।

क्यों अभी तो दस दिन भी नहीं हुए ।

गैस का सिलिंडर खतम हुइ गवा ।

तो मैं क्या करूँ ? मैंने तो पहली तारीख़ को पूरी तनख्वाह दे दी थी ।

अब घर मां चूल्हा ना जलेगा । खाना कैइसन बनेगा । कल ही गैस नहीं थी । बड़ी मुश्किल से इधर उधर से लकड़ियां बीन बान के रोटी बनाई चूल्हा फूंकत फूंकत सांस फूल गई ।

बड़ी मुसीबत है । अभी थोड़े ही दिन पहले तुम्हें सिलिंडर मुफ़्त में मिला था । सरकार ने सबको सिलिंडर बंटबाए । अब क्या सरकार तुम्हारा सिलिंडर भी भरवाए । सब कुछ मुफ़्त चाहिए । क्यों हर समय एडवांस पैसे मांगती हो ? कितनी बार कहा यह रोज रोज मांगने की आदत खराब होती है । इससे घर में बरकत नहीं आती ।

अब हम बताओ का करैं ? अकेल कमइया सात जने खान वारे ।

क्यों आदमी क्या करता है ?

अरे का करत है ? वहै ढंग का होत तौ हमका घरन घरन भीख मांगै पड़ती । घर मा खात है औ पड़े रहत हैं । ईहौ नाय हुइ सकत की नान नान बच्चनै कौ देख लेंय ।

गीता यह तुम्हारी बुरी आदत है । तुम तुम रोज रोज पैसे मांगती हो । अब बिना पैसे लिए तो तुम टलने से रहीं ।

झल्लाते हुए आंटी ने पैसे दिए। पिछले तीन साल से यही समझा रही हैं कि जो तनख़्वाह तुम्हें मिले उससे एक बार घर का राशन और जरूरी सामान खरीद लो। गीता को देखकर उन्हें दुःख भी होता है और गुस्सा भी आता है। बेचारी खाने पीने की चीजों से लेकर पहनने ओढ़ने के कपड़े लत्ते तक देती रहती हैं। बस उन्हें यही लगता है अगर एक घर को भी अच्छी तरह से जीना रहना सिखा सकें तो अच्छा है। पर जानें क्या बात है इन लोगों पर कोई असर ही नहीं होता। फिर यह सोचकर अपने काम में लग गईं कि कौन इन लोगों के लिए अपना दिमाग खराब करे।

दो दिन बाद फिर वही कहानी शुरू हो गई।

आज तुम फिर देर से आईं।

सुनते ही गीता ने रोना शुरू कर दिया।

अब का बताई। रात भर हम दोनन मा लड़ाई हुइ रहै।

अब क्या हो गया?

हुइहै का? आपसै जो रूप्या मांग के लै गए उनमा से दुइ सौ रूप्या छुपाय के धर दिए रहैं। कबहूँ जरूरत पड़ि जाय तौ नान नान बच्चा भूखे तौ ना डोलैं। अरे नोन रोटी ही खवाय देहैं। मगर जानै कब हमार रूप्या चोराय के लै गवा अउर दारू पी आवा।

कोई दिन तुम्हारा चैन से बीतता है कि नहीं। कैसा आदमी है।

अरे का आदमी है। दारू पीकर एइसन गाली दै रहा कि आपसे का बताई। लरिकिनिन कौ मारै लगा। हमका मारिस। कहहि रहा पाँच पाँच लरिकिनी पैदा करि के धरि दीनी। मेरा वंश नाश कर दिया। मैं पाँच बहनों का अकेला भाई। मेरे बाप के वंश का नाम चलवइया कौनौ होन चही कि नाहीं।

लड़का होने से क्या नाम चल जाएगा। खाने को रोटी नहीं। पहनने को कपड़े नहीं। लड़का ही पैदा हो जाएगा इसकी क्या गारन्टी।

अरे हम का बताई। हमरे यहाँ मड़इयन में एक एक मेहरूआ के आठ आठ बच्चे हैं। सात लड़किनी के बाद एक लड़का हुआ है।

लड़के को क्या खिलाना नहीं पड़ेगा। उसे क्या दवा दारू की ज़रूरत नहीं होगी।

अब हम का बताई आंटी। हमार जी बहुत बिल्लात है। यहै जी होत है कहीं फांसी लगाय के मर जाएं। मगर अब हम ठान लिहिस जब ई हमका मरिहैं तौ अब हम इनका छोड़ब ना। जब हमका खुदै कमाना खाना है तो तुम्हरी का जरूरत। का तुम खाली बच्चा पैदा करै की खातिर हो। इन बच्चन से का फायदा। हम इनको न ठीक से खवाय सकित हैं न पहिराय सकित हैं।

तुम तो कह रहीं थीं कि लड़कियों को स्कूल में पढ़ाने भेजती हो। वहीं खाना भी मिल जाता है और कापी किताबें भी मिल जाती हैं।

हाँ मिलत रहीं। पर का फायदा। दुइ दिन जात हैं फिर तिसरे दिन फिर वही हाय हाय।

सबसे ज्यादा मुसीबत तौ बिचारे बच्चन की है।

यह तो तुम लोगों को सोचना चाहिए।

हम सोचित तौ हैं। पर हमारी भला को सुनै। हम जब छोट रहे हमार अम्मा बाप हमको ऐसे इ पाले। गरमिन मा गरमी, जाड़े में टटिया नइ। बरसात मा टट्टर टपकै। इहां उहां से कूड़ा कचरा बटोर के मड़ैया बनाय लीन वाई में लोट पोट के बड़े होय गए। लागत है जानवरन से गए बीते हो गए हैं।

बात यह है कि तुम लोग सुधरना ही नहीं चाहते। तुम्हारी परेशानी का सबसे बड़ा कारण बच्चे हैं। जितने ज़्यादा बच्चे होंगे उतना ही ज़्यादा खर्चा।

हाँ कोठिन मा हम देखित हैं किसी के एक बच्चा किसी के दुइ। कैसे सुन्दर बबुआ जैसे रहत हैं। हमरे सबके पाँच, सात। कहौ दस तक हुइ जांय।

आंटी को गीता के बच्चों से प्यार है पर गीता को कैसे समझाएं कि अधिक संतान होना ही दुःख का कारण होता है। न लड़का न लड़की। इसी वजह से हमारा देश तरक्की नहीं कर पा रहा है। आंटी का हफ्ता चैन से बीत जाए तो बड़ी बात। गीता ने आते ही रोना शुरू कर दिया।

अब क्या हुआ?

परसों शाम जब हम हियां से गईं हमार बिटिया बहरै बैठी रहै। अत्ता तेज बुखार आवा रहै। अस्पताल लैके गईं। पैसा नाय कौड़ी नाय।

डाक्दर दवा लिख दिहिस । बोला फौरन लाव। हम पड़ोस वाली आंटी के हिंया से पैसे मांग के लाईं । जब तक दवा लैके आईं हमार बिटिया खतम हुइ गई । ऊ बोला अच्छा हुआ मर गई । हमार ऐसी सुन्दर बिटिया रहै । बड़ी मुश्किल से पाली । छह साल की हुइ गई ही ।

गीता की रूलाई देखकर आंटी की भी आँखों में आँसू आ गए । बड़ी मुश्किल से चुप कराया । एक महीना बीत गया । शाम का समय आंटी की पूजा का होता है तभी घंटी बजी । देखा आँखें लाल मुँह सूजा हुआ गीता दरवाजे पर खड़ी थी । देखते ही रोने लगी ।

अब हम कहीं न जाव । हमको बस एक आपै का सहारा है ।

ऐसा क्या हो गया ।

अरे का भवा । ऊ हमका फिर मारिस । गाली दिहिस । हमार बिटियन का मारिस । हमहू ठान के बैठी हन । न बिटिया न भैया । अब हमका कौनो और न चही । हम ऊका भगाय दिया कह दिया ई घर हमार । ई बिटियां हमार । अब हम खुदई पलिहैं ।

क्यों जो औरत बच्चों को जन्म दे सकती है वह पाल भी सकती है । अब बचनू की बीबी को देखो । रोज रोज बेचारी मार खाती थी । बेचारी के तीन बच्चे थे । बचनू शराब पीता रहता था । गाली गलौज करता था । जब देखो एक और बच्चा । पंद्रह साल पहले की बात है परेशान हो गई थी एक बार मेरे पास आई मैं ही उसे अस्पताल ले गई थी । उसने आपरेशन करवा लिया । मेहनत की बच्चों को पढ़ाया लिखाया । आज देखो उसके तीनों बच्चे पढ़ लिख गए कमाने खाने लगे । यह सब उसने अकेले ही किया ।

हम भी ठान लिया है कि या तौ ई सुधरिहैं माफी मांगैं । नाहिन तौ हम अकेली ही भली । और तौ और देखौ हमरी सास ननद भी हमहीं का गरियावत रहीं । कह रहीं पाँच बहिनी में अकेल हमार भैया है । एक तौ बेटा हुई चाही । हम कह दिया बेटा पैदा होते ही सरग न लै जाव । हम कुकुर बिलाई न बनी ।

कुछ दिन से गीता का रोज का अध्याय शान्त था । चुपचाप अपना काम करती रही । दो महीने बीत गए ।

क्यों गीता आज तो बड़ा सज धज के आई है । बड़ी खुश लग रही है । क्या बात है ? तुम ऐसे ही खुश रहा करो ।

कुछ नहीं आंटी जी । हम पहले ही कहा कि जब हम ठान लेती हैं तो ठान लेती हैं । हम आपसे बताये रहै कि हम ऊका भगाय दिहिस । खूब मारा मारा फिरा । कुछ दिन ई बहिन के घर कुछ दिन ऊ बहिन के घर । रिस्तेदारी मा भला कत्ते दिन कोई घूमै । अपनी छोटी बहिन के घर गवा। उनके छह बिटियां पहले से रहीं । एक भैय्या अउर होय चही । डाक्दर मना किए रहै । शरीर में खून ना है । पर नहीं मानी । बेटा भवा रहै पर बहिन खतम हुइ गई । लरिकवा जो भवा रहै बहिके जानै कौन कमी रहै कि इकदम लोथड़ा जैइसा है । ना जिए मा रहा ना मरे मा । बहुत दुःखी भए सब लोग पर का हुइ सकित।

तो तब तो उसकी समझ में आ गया होगा ।

अरे कहाँ ? फिर ई अपनी बड़ी बहिनी के घर चले गए । उनके पाँच पाँच जवान बेटवा । रोज लड़ाई दंगा करैं । न काम न धाम । दारू पी के अम्मा बाप को मारैं । ई बचाय चलै इनहूँ को मारा। दुइयै महीना मा आँखी खुल गई । परसों आए । हमसे माफी मांगी । बोले हम सब देख लिया अब हमें और ना चही ना लड़की ना लड़का । हमका अपना आपरेसन कराय का चही ।

बड़े शरमा के बोली । बाहेर खड़े हैं । कह रहे है। अपनी आंटी जी से पूछ लेओ । वह सब बता देंगी । किसी अस्पताल चलो । वहाँ किसी को कुछ देना नहीं पड़ता बल्कि उल्टे सरकार कुछ पैइसा देती है ।

हाँ हाँ क्यों नहीं अब तो सरकारी अस्पताल के अलावा प्राइवेट अस्पतालों में भी यह सुविधाएं मुफ्त मिल जातीं हैं ।ज्यादा झंझट भी नहीं करना पड़ता ।

आंटी से पता लेकर गीता ने रिक्शा बुलवा लिया ।

आंटी दोनों को रिक्शे पर बैठकर जाते हुए देख रहीं थीं ....
....

14

अब लौट चलें

वाट्सएप पर एक मैसेज आया था। यूँ तो यह मैसेज मैंने पहले भी पढ़ा था पर इस बार मैसेज के नीचे जिस प्रकार कमेंट किया हुआ था उसने मेरी उत्सुकता को बढ़ा दिया। कमेंट का कारण जानने के लिए मैंने मैसेज को बैक किया जिससे पूरा मैसेज समझ आ सके। मैसेज का सारांश कुछ यूँ था -

अघोरी ने चिता पर जल रहे शव को ज्यों ही छुआ ....शव जोर से चिल्लाया ....ये क्रंदन सुन रहे हो अघोरी ....ये तुम्हारी मृत भाषा हिन्दी है ....कितनी क्रूरता से इसे समाप्त किया जा रहा है ....संस्कृत की तरह मृतप्राय............कभी सोचा संस्कृत क्यों समाप्त हुई और क्या दुर्भावना थी उसे समाप्त करने की...............सबसे उन्नत धर्म की जड़ें काट दी गईं संस्कृत समाप्त करके ....आप अपने वेद ,पुराण , उपनिषद आदि मूल भाषा में पढ़ोगे नहीं तो समझोगे कैसे

समझोगे नहीं तो मनन कैसे करोगे ....मनन नहीं करोगे तो अनुकरण कैसे करोगे ....

कितना बड़ा षड़यंत्र और तुम समझ न पाए ....धीरे धीरे तुम्हारी भाषा गई और फिर संस्कार गए ....वो पौरूष वो उच्च मापदंड , वो जीवन के प्रति विवेक सब समाप्त हो गए अब हिन्दी मर रही है.......................और तुम मौन हो ....निःशब्द नीरव निशा नग्न नृत्य कर रही है मौत का , ...संस्कृत

से लेकर संस्कार की मृत्यु का और तुम मौन हो ....दूर कहीं अकर्मण्यता पर श्लोक कंठस्थ कर रहा था जिसका अर्थ था

जो व्यक्ति धर्म (कर्तव्य) से विमुख होता है वह (व्यक्ति) शक्तिशाली होते हुए भी निर्बल है , धनवान होकर भी निर्धन तथा ज्ञानी होकर भी मूर्ख होता है ।

मुझे लगा यह तो बहुत सही बात है जिसने हमारे साहित्य , संस्कृति और इतिहास को चन्द पंक्तियों में समेट लिया है पर तभी अनुभव के कमेंट को देखा लिखा था -

श्लोक एकदम सही है पर इस दुनियां में कर्तव्य / धर्म पता करना ही सबसे मुश्किल है । बाकी श्लोक के हिसाब से धर्म का तात्पर्य ड्यूटी से है ना कि रिलीजन से ।

अगला मैसेज रंजन का था - यह मैसेज केवल हमारी आत्मजागृति के लिए था किसी राजनैतिक या धार्मिक वाद विवाद के लिए नहीं था । वैसे कर्तव्य को हर धर्म में समान रूप से रेखांकित किया गया है प्रगतिशीलता की रेस में हमें अपने पौराणिक ग्रन्थों को अपनी मातृभाषा और अपनी संस्कृति को नहीं भुलाना चाहिए ।

यह वाट्सएप पर लिखी कुछ पंक्तियां नहीं थीं । मैं रंजन का तात्पर्य , वर्तमान परिवेश और मन की पीड़ा को जानती थी । भला परिवार का कौन सदस्य ऐसा नहीं जो प्रबुद्ध न हो और कौन इस फैमिली वाले गुरप में रंजन के दर्द को समझता नहीं था ।

मगर तभी वाट्सएप पर अगला मैसेज अनुभव का था लिखा था - मेरे विचार से कवि यह नहीं कहना चाहता । पढ़कर मेरा मन आक्रोश से भर गया । जिसे मानवीय संवेदनाओं का ज्ञान ही न हो वह आखिर भला क्या समझेगा । क्या आदमी औलाद को पाल पोसकर इसलिए बड़ा करता है कि वह सब कुछ छोड़कर वाट्सएप और वीडियो कॉल करके अपनी उपस्थित दर्ज कराए । विदेश जाना बुरा नहीं पर मातृ चन्द पैसे और सुख के लिए अपने देश का गौरव छोड़कर विदेश जाना अब कोई गौरव की विषय नहीं रह गया । मैंने तुरन्त लिखा -

कर्तव्य माँ मातृभूमि से पूर्णतः जुड़ा शब्द है जिसकी जितनी व्याख्या की जाए वह कम है ,परन्तु यह उतना ही सहज है जितना माँ अपने बच्चे की हर बात बिना कहे समझ लेती है और हर कष्ट उठाकर भी पूरा करती है। कर्तव्य भी मानों तो देव ना मानों तो पत्थर ही है। यह तर्क का विषय नहीं त्याग का विषय है। अपने लिए तो सभी जीते हैं दूसरों के लिए त्याग सिर्फ़ समर्थ व्यक्ति ही कर सकता है। इसीलिए वह आदरणीय होता है।

धर्म - कर्तव्य - त्याग - आदरणीय

इस मैसेज को लिखकर मैंने ग्रुप में पोस्ट कर दिया। मुझे पता है कि मेरे इन शब्दों की व्याख्या हर सदस्य कर लेगा। सभी को दुःख है कि अपने लिए ना सही उन आँखों के लिए है , जिनमें एक खुशी एक गर्व बस सकता था पर अनुभव के इस तरह चले जाने से जिनमें सूख चुके आँसू हैं। हर कोई माँ बाप है , हर किसी को बिछुड़ने के दुःख का पता है। यह भी पता है कि खुद अनुभव कम प्रबुद्ध नहीं कि इन शब्दों में छिपे गूढ़ अर्थ को न समझ सके। शायद बिहारी की तरह मेरे शब्द भी कहीं सोई हुई आत्मा को जगा सकें। परिवार के किसी सदस्य ने इस पर कोई मैसेज या कमेंट नहीं किया तभी अनुभव का मैसेज पड़ा था लिखा -

कर्तव्य मातृभूमि ही नहीं परिस्थिति से भी जुड़ा है। इस दुनिया में सब कुछ हमेशा एक सा नहीं रहता। परिवर्तन ही जीवन है। जो व्यक्ति बदलती परिस्थिति के हिसाब से अपने कर्तव्य का आकलन नहीं कर पाता वह भी पशु ही है।

बाकी जहाँ तक रही त्याग और आदर की बात मेरे अनुसार दोनों ही ढोंग के पर्यायवाची हैं।

आप यदि एक पथ चुनो तो दूसरे का त्याग स्वाभाविक रूप से हो जाता है। किसी भी पथ को चुनने में महानता नहीं है उस पर ठीक से चलना भी आवश्यक है।

अगर हम अपने को सीमित करने के इच्छुक हैं तो अपने घर की चाहरदीवारी तक भी कर सकते हैं नहीं तो पूरा ब्रह्माण्ड भी आपका है।

देश सेवा और मातृसेवा कर्तव्य है तो आपके बच्चे बिना मास्क के सांस ले सकें यह भी कर्तव्य है।

हिन्दी की सुरक्षा सरकार का कर्तव्य है पर देश में कोई भूखा ना हो , लोगों में वैमनस्यता ना हो वो भी तो सरकार का कर्तव्य है ।

बहुत बार ऐसी परिस्थिति होती है कि व्यक्ति और सरकार (व्यक्तियों का समूह) कौन सा कर्तव्य सर्वोपरि है इस बात का निर्णय करना पड़ता है । जो यह निर्णय ठीक से कर पाता है वह ही धर्म का पालन करने वाला है । धर्म का पालन करना वैसे तो श्रेष्ठ पथ है पर वह करने के लिए आदर की अपेक्षा करना गलत है । आदर और अहंकार में धागे भर का फ़र्क़ होता है बस ।

बाकी हमारी मातृभूमि में क्या होता है यह इस बात से पता लगाया जा सकता है कि कितने लोग एक समय में धर्म का पालन करते प्रतीत होते हैं और कितने लोग बिना धर्म का पालन करते हुए भी आदरणीय और माननीय बने बैठे हैं ।

मैसेज पढ़कर मेरे तन बदन में आग लग गई । ऐसी कौन सी परिस्थिति उत्पन्न हो गई थी कि जो माँ को उम्र के इस पड़ाव पर अकेली छोड़कर तुम्हें जाना पड़ा । तुम्हें पता है तुम्हारा बाप भी नहीं है । मात्र अड़तालीस साल की उम्र में इस दुनियां से चला गया । एक अकेली औरत को अपने दम पर इतना बड़ा नर्सिंग होम चलाना कोई आसान काम नहीं होता । दिन रात चींटी की तरह लगी रहती है आखिर किसके लिए । सब कुछ तुम्हारे लिए ही तो था । किसी शहज़ादे से कम तुम्हारी परवरिश नहीं की । जो तुमने चाहा वही किया । जो तुमने चाहा वही लिया । भावनाओं की कद्र करना तुमने कभी सीखा ही कहाँ जो अब करोगे ।

कर्तव्य की परिभाषा तुम क्या जानो जिसने कभी किसी जिम्मेवारी को समझा ही नहीं । तुम्हारे बाप को लोग आज भी याद करते हैं क्योंकि वह शख़्स हर किसी के सुख दुःख से जुड़ा था । डॉक्टर भगवान का रूप होता है इसके लिए यह ज़रूरी नहीं कि घर अस्पताल से लेकर गाड़ी तक एयरकन्डीशन्ड हो । जो जरूरतमन्द की मदद करता है वह भगवान होता है । तुम्हें डॉक्टरी की सर्वोच्च डिग्री क्या इसलिए दिलाई थी कि तुम स्वयं को सर्व श्रेष्ठ समझ बैठो और अपनों के ही काम ना आओ ।

त्याग और आदर की बात तुम्हें ढोंग नहीं लगेगी तो और क्या ? देश में रहते तो कम से कम परिवार के लोग शान से कह तो सकते थे

कि हमारा फलां रिश्तेदार इतने बड़े मैडीकल कॉलेज में डॉक्टर है । गाहे बगाहे किसी की मदद भी हो जाती पर वहाँ विदेश में बैठकर तुम भला क्या किसी के काम आओगे । जब देश में दिन होगा तब तुम वहाँ चैन से सोए होगे , भला तुमसे तो कोई दवा गोली का नाम भी क्या पूछेगा ।

देश में रहना पसन्द नहीं यहाँ तुम्हारे बच्चों को मास्क लगाना पड़ रहा है । भला कितने लोग यहाँ प्रदूषण से मरे जा रहे हैं । तुम भी तो यहीं की मिट्टी में पलकर बड़े हुए हो । देश की राजनीति आरक्षण ,भाई भतीजावाद के बाद भी अपनी योग्यता से इतने बड़े बन सके । आज भी आरक्षण ,असुविधाओं को कोई कितना भी क्यों न कोसे जिसे जो बनना होता है बन ही जाता है । विदेश में क्या सब मजे ही मार रहे होते हैं । सच तो यह है कि बर्तन मांज रहे होते हैं। वहाँ हर काम स्वयं करना होता है । डिश वाशर में बर्तन कोई चल कर नहीं चले जाते।

तुम्हारे बच्चों के लिए चार चार -छह छह नौकर थे । शानदार घर ,शानदार गाड़ी । सारे लोग तुम्हारा गुणगान गाते नहीं थकते थे। अब कौन होगा वहाँ तुम्हारा । सैकंड ग्रेड सिटीज़न । जब कहीं ज़ारा बवाल होगा सबसे पहले तुम्हारी सिटीज़नशिप खतरे में होगी । अब तुम न यहाँ के रहोगे न वहाँ के । यह ठीक है कि चाहरदीवारी में सिमटना बुद्धिमत्ता नहीं परन्तु मात्र चन्द सिक्कों की खातिर अपने देश , अपनी माँ ,अपने प्यार करने वालों को छोड़कर विदेश में बसना समझदारी नहीं । वैसे भी ज्यों ज्यों ग्लोबलाइज़ेशन की बातें बढ़ीं त्यों तयों विश्व सिमटता जा रहा है और देश नहीं बल्कि राज्य की सीमाओं में सिमटता नज़र आता है । महाराष्ट्र में जाओ तो बिहार वाले गैर । असम में पंजाब , दिल्ली और यू पी तक के गैर बन जाते हैं । मशीनें सुख नहीं देतीं । सुख और दुःख दोनों में ही अपने चाहिए ।

बाप के कंधे पर बैठकर मेला देखना अच्छा लगता है तो बेटे के कंधे पर चढ़कर श्मशान जाने की हसरत हर बाप की होती है ।

आदर अहंकार नहीं होता । कर्तव्य पालन से आदर मिलता है और सिक्के कमाने से अहंकार ही मिलता है । कल जब तुम आना भी चाहोगे तो वापस आ नहीं पाओगे क्योंकि आज जिन्हें तुम्हारे वापस आने की प्रतीक्षा है वह थककर जा चुके होंगे और जो तुम्हारे साथ होंगे वह वापस

आना नहीं चाहेंगे ।

कितना दुःख हुआ था तुम्हारी बेटी की बात सुनकर जब उसने कहा था अम्मा बताओ जब भारत और इंग्लैन्ड के बीच क्रिकेट मैच होगा तब हम वहाँ किसके लिए क्लैपिंग करेंगे ।

तुम्हारी माँ कैसे काटती हैं यह सूनापन कभी सोचा है । पर तुम्हें क्या मतलब । तुम्हें तो बड़ा आदमी बनना है ।

मैं समझ नहीं पाती कि आखिर मुझे इतना गुस्सा क्यों आता है । शायद तुम्हारी माँ से मुझे बहुत प्यार है । मुझे पता है कि वह कभी किसी से कुछ नहीं कहेंगी । पर मुझे लगता है कि इंसान इंसान होता है कोई पत्थर तो नहीं । जो जितना प्रबुद्ध होता है वह उतना ही संवेदनशील भी होता है । सब तरह से तुम्हें समझाकर हार गए पर तुम कहाँ मानने वाले हो। बच्चों का नाम कटाकर ले जाना कौन सी बुद्धिमत्ता थी जबकि वह यहाँ बहुत अच्छी तरह से पढ़ रहे थे । उनकी अच्छी परवरिश हो रही थी । अब वहाँ बैठकर तुम बताते हो कि नैनी रखनी पड़ रही है क्योंकि छोटे बच्चों को वहाँ कोई अकेला नहीं छोड़ सकता । बच्चे रोते रहते हैं । मैंने कहा जब ग्रैनी को छोड़कर नैनी की बात करोगे तो यही होगा । अरे अगर एक छोटे पौधे को भी एक गमले से उखाड़कर दूसरे गमले में लगाओ तो वह भी मुरझा जाता है ।

लाख चाहने पर भी मेरा दुःख कम नहीं होता । एक आक्रोश है जो व्यक्त हो ही जाता है इसीलिए मैंने तुम्हारा नाम मिस्टर अनुभव से बदलकर मिस्टर खजूर रख दिया है । क्योंकि अब तुम सिर्फ़ खजूर बन गए हो । तुम जैसों के लिए ही कबीर दास ने लिखा है -

बड़ा हुआ तो क्या हुआ जैसे पेड़ खजूर ।
पंथी को छाया नहीं फल लागैं अति दूर ।।

इस घटना को तीन महीने बीत चुके हैं । सब अपनी अपनी ज़िन्दगी में रमने लगे हैं । मेरे मन का रिश्ता डॉ इला से अधिक है इसलिए मेरे मन से दुःख जाता नहीं । यही सोच रही थी कि टेलीफ़ोन की घंटी बजी इला का फ़ोन था । मैंने पूछा क्या हुआ -

भरे गले से इला ने कहा - बच्चों के स्कूल गई थी । प्रिंसीपल से बहुत रिक्वैस्ट की । मैडम पूरे साल की फीस रख लीजिए । बड़ी मुश्किल से

एडमीशन हुआ है । मैं कोशिश तो कर रही हूँ कि शायद वह लौट आएं । बड़ी मुश्किल से प्रिंसीपल राजी हुईं ।

इस घटना को बीते छह महीने हो चुके हैं । इला के आँसू भी सूख चुके हैं । जब पति से बिछड़ने का गम झेल लिया तो फिर यह क्या था । मगर इधर विश्व में हाहाकार मच रहा है । हर देश परेशान इंसान इंसान से दूर जा रहा है । ज़िन्दगी मौत से बदतर और मौत उससे भी भयावह । चार कंधे नसीब नहीं । कहीं कोई रोने वाला नहीं , कहीं किसी के कोई आँसू पोंछने वाला नहीं ।

इला की नजरें तो सिर्फ़ टी वी स्क्रीन पर ही लगी रहती हैं । फ़ोन की घंटी उसे दहलाती है और मैसेज दिल की धड़कन बढ़ाते हैं । अनुभव ने कहा था मात्र छह घंटे की दूरी है इससे ज़्यादा समय तो देश में भी एक जगह से दूसरी जगह जाने में लग जाते है। । अब कौन कहे कि विश्व थम गया है जो जहाँ है वहीं फंसा है । आज तो इला में इतनी शक्ति भी नहीं कि वह तुम्हें किसी भी हालत में बुला सके या तुम्हारे पास जा सके ।

यह देश खराब था पर वहाँ तो मौंते ऐसे हो रही हैं कि लोगों को कफ़न तो नसीब नहीं ही हो रहा है दफ़न के लिए भी जगह नहीं बची । तुम्हारी परेशानी सुनकर कलेजा फटता है । कभी कभी लगता है कि शायद प्रकृति ने यह तुम जैसों को सबक सिखाने के लिए ही किया है । घर , परिवार , रिश्ते , संस्कार ,मातृभूमि क्या होती है इसकी अहमियत जान सको । आज विश्व के देश भारत से दवा मंगा रहे हैं अब तुम्हें पता चल गया होगा कि मैं जो कहती थी ठीक है ।

अनुभव का मैसेज आया है खाने को रोटी नहीं मिल रही । घंटों कार में बैठकर फूड पैकेज का इंतज़ार करना पड़ता है । कितनों की नौकरी चली गई है । कितने ही लोग शैल्टर होम में पड़े हैं । बच्चे बहुत परेशान हैं । यहाँ हमारा कोई नहीं । यहाँ की सरकार भी हम लोगों की नहीं सुन रही है । हम लोगों से कह दिया गया है कि हम पहले अपने देश के लोगों को देखेगें फिर आप लोगों के लिए इंतज़ाम करेंगे । बहुत तबाही है । हर पल डर लगता है । कहीं जा नहीं सकते कुछ कर नहीं सकते ।

पढ़कर इला के आँसू नहीं थम रहे थे । मैसेज में लिखा था लॉक डाउन खुलते ही सीधा वापस आऊँगा । माँ मुझे माफ़ कर दो ।

....

www.ingramcontent.com/pod-product-compliance
Lightning Source LLC
LaVergne TN
LVHW101948220826
846093LV00006B/144